Die östliche Anden-Kordillere nahe dem peruanischen Cusco

SÜDAMERIKA

Das Schweigen am Silberfluss

ABENTEUER ZWISCHEN ANDEN UND ATLANTIK

Christoph Kucklick · Christopher Pillitz

GEO

GEO

Herausgeber: Peter-Matthias Gaede
Gestaltung: Erwin O. Ehret
Redaktion: Christoph Kucklick
Bildredaktion: Christian Gargerle
Kartographie: Stefanie Peters

Schlussredaktion: Hinnerk Seelhoff
Herstellung: Heiko Belitz, G+J-Druckzentrale
Lithografie: MWW Repro, Hamburg
Druck: IPF Industrie Poligrafiche Friulane, Maniago, Italien

1. Auflage 2003
ISBN 3-570-19417-5

98 Tage, einen Kontinen

Wenn Reporter morgens schon wissen, wie sie abends den Tag empfunden haben werden, wenn sie nur jene Bilder suchen und sehen, die ihren Vor-Bildern im Kopf entsprechen, so sollten sie besser gar nicht erst starten. Wenn Reporter, umgekehrt, planlos in ihr Thema taumeln, wenn sie sich von nichts als Zufällen durch die Geschichte spülen lassen, so bringen sie mit hoher Wahrscheinlichkeit nicht mehr als willkürliche Impressionensammlungen von ihrer Reise zurück.

Die ideale Mischung aus Zielstrebigkeit und Offenheit für das Unerwartete zu treffen, war deshalb auch die größte Herausforderung für jenes GEO-Team, das sich aufmachte, in 98 Tagen über 10 000 Kilometer lateinamerikanischen Alltag zu erfahren. Das Leben auf einem Kontinent zu erkunden, der nahezu doppelt so groß wie Europa ist – und um den es weitgehend still geworden ist, seit sich das internationale Interesse auf die Konfliktzonen im Mittleren Osten, auf die Desaster Afrikas und das rasant an Bedeutung zunehmende China konzentriert. Lateinamerika – was ist das heute; Koka, Karneval und Korruption? Der GEO-Reporter Christoph Kucklick und der Fotograf Christopher Pillitz haben diese Frage vor ihrer Abreise vielen Experten gestellt, um sich nicht unversehens auf den gängigsten Routen und in den Fallen des Vorurteils wiederzufinden. Und sie entschieden sich dann, gewissermaßen ganz „klein“ anzufangen: in einem von Journalisten vermutlich noch nie aufgesuchten Nest an der moskitovernebelten Mangrovenküste im Norden von Ecuador.

Vom Pazifik zum Atlantik reisten Kucklick und Pillitz diagonal über den Kontinent durch viele solcher unscheinbaren Orte: um ein Gefühl für die Topographie zu bekommen; um – soziologisch wie geographisch wie politisch – die Mitte zu finden; um auch weithin vergessene Länder wie Paraguay und Uruguay in ein möglichst aussagekräftiges Lateinamerika-Bild zu integrieren. Und so wurden die 14 Sieben-Tage-Wochen auch zu einer enormen logistischen Anstrengung, zu einer permanenten Recherche in der Recherche – gerade weil es hier nicht darum ging, sich per Flugzeug von Aussichtspunkt zu Aussichtspunkt zu bewegen oder nur die bekannten Themen, von der Regenwald-Zerstörung bis zur argentinischen Staatskrise, abzuhaken. Das GEO-Team wollte neben den exemplarischen Schauplätzen für die beherrschenden Probleme des Kontinents auch das Unspektakuläre sehen und verstehen: das Leben „namenloser“ Landarbeiter in den Anden; die Großstadt ohne Straßenanschluss an die Außenwelt; den Generationenwandel bei entlegen lebenden Indianern, deren studierte Kinder sich für die Riten ihrer Eltern schämen; den Gaucho mit Sozialversicherung. Oder auch einen Weihnachtsabend am Amazonas, eine Sprechstunde bei einem peruanischen Schamanen, eine Bürgermeister-Wahl in Bolivien, einen Kirchgang bei den Mennoniten im paraguayanischen Hinterland. Und genauso die frühen Morgenstunden, die trägen Stunden auf einem Fluss, das Herzrasen, die Melancholie, die Geisterstunden.

Welche Informationen können mitempfundene Stimmungen und Schwingungen enthalten, welche

zu verstehen: das andere Amerika

Episoden sind für ein Gesamtbild wichtig, wann führt nur das Warten zu einem Ziel? Ohne die intensive Suche nach Vermittlern, Pfadfindern, Grenzgängern, ohne Menschen, die sich auf das Ent-Fremden verstehen und auf das Schaffen von Vertrauen, hätten die Reporter keine Antworten darauf bekommen. Wo sich klassischer Reisejournalismus mit der reinen Beobachtung der Erscheinungen am Wegesrand begnügen kann, wollten sich Kucklick und Pillitz hineinleben, möglichst zu Innenperspektiven kommen, auf Zeit zumindest. Kucklick hat Buch geführt. 60 Namen stehen in seinen Notizen, 60 Erinnerungen an Helfer. Lokaljournalisten waren darunter, die von ihrem Hintergrundwissen abgaben, Lokalpolitiker, Ethnologen, Entwicklungshelfer; ein Pfarrer, mit dem sie Fußball spielten; Studenten, Bauern, Minenarbeiter; Menschen, die einen Jeep oder auch nur Begleitschutz bei der Reise in heikle Zonen anboten; andere, die den Reportern Bücher kopierten oder ihnen mit E-Mails weiterhalfen. Im Schlafsaal eines Salesianer-Paters verbrachten Kucklick und Pillitz die Nacht, in Überlandbussen, in Hängematten, in der Hütte eines Bauern mit neun Kindern oder auch nur auf einem Pappkarton. Sie tanzten mit den Aymara-Indianern und betranken sich mit den Kokabauern, aßen überwiegend an Straßenständen und in billigen *restaurantes* – und als sie am Ende vor den weißen Palästen von Punta del Este standen, dort wo die Stadtteile „Beverly Hills“ heißen, „Golf“ und „Schatz“, hatten Kucklick und Pillitz das Gefühl, ein wenig mehr von „dolor y esperanza“, von Schmerz und Hoffnung auf diesem Kontinent erfahren zu haben als aus den Weltnachrichten gewöhnlich herauszuhören ist.

Auf dem Río Yavarí im peruanisch-brasilianischen Grenzgebiet: Fotograf Christopher Pillitz (li.) und Autor Christoph Kucklick, in einem Speed Boat unterwegs. Selten waren sie so schnell, für ihre Recherche bevorzugten sie die Langsamkeit

Das vorliegende Buch, so ist zu hoffen, macht vertraut mit einem Südamerika, das sich nicht für einen Abgesang eignet. Vielmehr dazu, wieder genauer hinzusehen.

Peter-Matthias Gaede
GEO-Chefredakteur

Aufbruch am

Chimborazo

Das traumschöne Ecuador galt lange als eines der ruhigeren Länder des Kontinents. Längst aber verlangen die indianischen Ureinwohner mehr Mitsprache – und suchen allerorten nach ihrem eigenen Weg in die Moderne

Die Indígenas, die Ureinwohner, ringen den Anden ein mageres Leben ab; sie behaupten sich auch dank einer starken, vor der Außenwelt seit je

Der Cotopaxi (5879 Meter) gilt als der höchste aktive Vulkan der Welt, der Kraterschlund hat einen Durchmesser von nahezu 800 Metern

Nur wenige Kolonialviertel Südamerikas wurden so gut erhalten wie das von Ecuadors Hauptstadt Quito, der »Perle des Kontinents«

:den Donnerstag kommen die Bauern der Umgebung zum Markt in Guamote, einem der größten des Landes und, bei guten Geschäften, einem der fröhlichsten

or Palma Real fließt der Río Mataje, am jenseitigen Ufer liegt Kolumbien; wegen des Bürgerkrieges im Nachbarland ist der einst rege Grenzverkehr erlahmt

Ein Leben gezeichnet von Frost und Wind und karger Kost: ein Andenbauer auf mehr als 4000 Meter Höhe

Bei Ambato wird die Landwirtschaft zum Balanceakt auf steilen, schmalen Feldern; ein Zeichen dafür, wie rar fruchtbarer Boden ist in dem gebirgigen La

Kreuze an der Panamericana markieren Unfälle entlang der Strecke; angesichts der zahllosen Verkehrsopfer werden sie in großen Mengen vorproduziert

Wie ein Amphitheater umschließt die Kraterwand des erloschenen Vulkans Altar (5405 Meter) einen säurehaltigen – und namenlosen – S

Mineralien grün färben

Kinder der Wolken: Von klein auf gewöhnen sich die Indígenas an die schneidend kalten Temperaturen in den Bergen

Das Volk der Otavalo im Norden Ecuadors ist ökonomisch besonders erfolgreich – und konnte so traditionelle Siedlungsformen bewahren

Hier erholt sich Ecuador, zumindest der wohlhabende Teil der Bevölkerung: Salinas an der Pazifikküste

Dichter Regenwald bedeckt einen großen Teil des Landes und ist hier, weil abgelegen im Schatten der Anden, noch vielerorts intakt

Fahrzeuge sind selten auf den Pfaden der Anden. Eher trifft man auf einen Reiter, der im Morgengrauen wie ein Schattenriss am Abgrund auftauch

In Ecuador erkundet das GEO-Team, wie die Muschelsammlerinnen im Mangrovenwald leben, wie die Bauern in den Hochanden und warum reiche Ecuadorianer immer noch den ehemaligen spanischen Kolonialherren nacheifern

Im Gezeitenwald singen die traurigen Frauen. Von den Launen des Glücks und von der Liebe, die einem das Herz verwirrt. Der weiche Gesang steigt hinauf in die Kathedrale des Waldes, webt sich zwischen die hohen Äste, wo die Feuerkrebse erstarren und das Licht zerschmilzt in loderndem Weiß. Es ist die Stunde der drückendsten Hitze, wenn alles verglüht in einer Melancholie ohne Konturen.

El manglar, die Mangrovenküste. Lebensraum, Todesraum. Bei Flut eine grüne Wand, in der silberweiße Reiher sitzen als Ausrufezeichen. Bei *agua seca*, „trockenem Wasser“, ein Wald wie auf Zehenspitzen: In gotischen Bögen greifen die harten, dünnen Wurzeln in den Schlick, suchen Halt im Haltlosen. Wie die Menschen.

Liegt das Land bloß, fassen die Frauen nach ihren Körben. Sie reiben sich mit Diesel ein, entzünden Fackeln aus Kokosbast, schieben schwarze Zigarrenstumpen zwischen die Zähne, alles, um die Insekten abzuwehren, die bisweilen in sirrenden Wolken den Blick verdunkeln. Dann tasten sie sich in die Unterwelt des Waldes, Tarjelia, Liliana, Daisia, Canela und die anderen, deren Leben an einem einzigen schwachen Geschöpf hängt: *la concha*, der Muschel.

Ein einfaches Leben: Wer tags keine Muscheln sammelt, hat abends nichts zu essen. Existieren von der Hand in den Mund – hier begreift man, was das bedeutet. Bis zu den Knien versinken die Frauen im Morast, bis zu den Schultern schieben sie ihre Arme in den Schlamm, um die Wurzeln abzutasten nach Nahrung, schlängeln sich um die Bäume, winden ihre Körper zwischen den Pflanzenbögen hindurch – Akrobaten des Überlebens. Röchelnd schließt sich der Schlick nach jedem ihrer Schritte.

Kehrt das Wasser wieder, treiben die *concheras* in ihren Einbäumen zurück nach Palma Real. Das Dorf steht auf Stelzen, und alle Wege sind aus Holz. Von den Terrassen pinkeln die Kinder ins Watt. Die Bewohner sind schwarz wie Afrikaner, Nachfahren von Gejagten, die im 16. Jahrhundert vor spanischen Sklavenhändlern in die Mangroven geflüchtet waren. Das weckt gleich zu Anfang der Reise die Erkenntnis: *Sudamérica* ist ein Vielvölkergebilde, ein Schmelztiegel mehr noch als der nördliche Teil des Kontinents.

Wenige Kilometer südlich von Palma Real betrat Francisco Pizarro 1526 als einer der ersten Weißen südamerikanischen Boden, nahe der Mündung des Río Verde. Er traf auf Indianer und ließ einen Teil umgehend versklaven und den anderen ermorden – hier also begann das neuzeitliche Drama des Erdteils, diese hoffnungstrunkene, blutige, phantasmagorische Geschichte Südamerikas.

Hier beginnt auch unsere Reise quer durch den Kontinent, hier beginnt Ecuador. Über dem löchrigen Anlegesteg hängt schlaff die gelb-blau-rote Staatsflagge. Im Westen dehnt sich der grafitgraue Pazifik, im Norden, gleich jenseits des gewaltigen Río Mataje, liegt Kolumbien; dort sind Krieg, Kokain und Guerilleros. Also muss Ecuador Wachsamkeit zeigen – was es tut: mit vier Soldaten, Indios aus dem Hochland, in einem Bretterverschlag. Ihre Uniformen bestehen aus gefälschten Nike-T-Shirts, fleckigen Hosen, Sandalen.

In einer Art bitterer Genugtuung zeigen sie ihr gesamtes Arsenal vor: zwei uralte Gewehre und exakt zehn Patronen. Jeden Tag, erzählt Jorge, der Chef der müden Truppe, sehen sie die Glasfiberboote der Drogenschmuggler vorbeizischen, hilflos, sie können nicht folgen: Ihnen fehlt ein Boot. Aber viel schlimmer noch: Immer nur Muscheln essen! Es hängt ihnen zum Halse raus, sie sehnen sich nach ihren kalten, heimatlichen Anden, nach Kartoffeln!

Tarjelia schüttelt den Kopf. Ein Leben ohne Muscheln. Undenkbar. Sie zerkocht die Tiere zu Eintopf. Der Gasbrenner faucht neben ihrem Bett, davor stehen ein Tisch und vier Stühle, in einer Ecke liegen Schlafmatten – Küche, Wohn- oder Schlafzimmer, schon solche Unterscheidungen sind Luxus, hier ist alles eins. Plastiktüten vom vergangenen Wahlkampf stopfen die Löcher in den Wänden: *„¡Adelante, Ecuador, adelante!“* Vorwärts, nur vorwärts. Aber in welche Richtung – das haben sie vergessen.

Tarjelia ist 37 Jahre alt, hat Augen wie Sartre und mit schiefem Blick schon mehr Hoffnungen schwinden sehen als andere in einem ganzen Leben. Als sie klein war, lebten die Menschen in Palma Real von einem halbwegs einträglichen Mix aus Holzgewinnung, Fischerei und Muschelsuche. Vorbei. Von allen Seiten nagt es nun am Habitat des Dorfes.

Im Norden, in Kolumbien, tobt ein chemischer Krieg gegen den Koka-Anbau, im Osten wachsen Palmenplantagen, die nur im Pestizid-Nebel überleben, im Süden schwemmen gigantische Shrimp-Farmen einen Cocktail aus Antibiotika, Chemikalien und Garnelenkot ins Wasser, was, alles zusammen, die Fischbestände in den Mangroven ruiniert hat. Und auf dem Meer lauern kolumbianische Piraten. So bleiben nur die Muscheln.

Doch nur noch selten klacken die Tiere im Korb. 200 mögen es sein an einem Tag, früher haben sie in gleicher Zeit ein Kanu gefüllt. Und wie viele Conchas müssten sie zudem eigentlich wegwerfen, weil die Schalen zu dünn sind, oder gebrochen, oder zu klein – Babymuscheln, die sie nicht ernten dürften, wenn sie morgen noch essen wollen, die sie aber heute benötigen, um das Morgen zu erleben. Das Dilemma jeder Armut: Die Gegenwart frisst die Zukunft auf.

So singt Tarjelia auf alle Fragen einen tristen Refrain: *Ya no hay*. Gibt's nicht mehr. Der Dorf-Generator: *ya no hay*, er ist kaputt, der Außenborder für das Lehrerboot ebenso, die winzige Gurkensaat ist von Krankheit befallen, der Brunnen versalzen, Tarjelias Radio zerschmettert worden bei einem Streit. Und sogar ihre Familie: *ya no hay*.

Zumindest ein Teil davon. Mit dreien von sechs Kindern lebt sie zusammen; wo der Rest ist, weiß sie nicht genau, bei Verwandten, vielleicht bei den Vätern. Ehen sind rar

Als eines der kleinsten Länder des Kontinents bietet Ecuador dennoch einen der vielfältigsten Naturräume der Erde. Die GEO-Reiseroute führt von den Mangrovenwäldern an der pazifischen Küste durch tropisches Tiefland, hinauf in die Hochanden und wieder hinab in die heiß-trockene Zone im Süden des Landes

Zum Schutz vor der Flut bauen die Menschen von Palma Real ihre Hütten auf Stelzen

Leben von der Hand in den Mund: Muschelsammlerin im Mangrovenwald

hier, man lebt in *uniones libres*, überaus freien Arrangements. „Wenn die Männer sich wie Deppen verhalten, gehen wir. Und wenn wir sie ärgern, gehen die Männer", erklärt Tarjelia leichtherzig.

Das ist die andere Seite. Sie beginnt abends, wenn doch wieder alle Bäuche gefüllt worden sind, wenn der Schatten der Nacht über die Mangroven fällt und die Welt dunkel wird, bis sie nicht mehr schreckt. Dann schlendern Tarjelia und die anderen zum Krämer Manino, dort steht der Fernseher, *la caja idiota*, sagen sie, die Idiotenkiste. Aus ihr träufeln die *telenovelas*, TV-Romane mit Hunderten von Folgen, in denen alle Frauen blond sind und alle Männer Krawatten tragen und noch nie irgendjemand eine Muschel verzehrt hat – bonbonsüße Operettenträume, die allnächtlich den ganzen Kontinent betäuben.

Als der Generator stottert und die TV-Blondinen ersterben, schiebt Manino den batteriebetriebenen Musikrecorder auf die Veranda. Die Kassette ist so ausgeleiert, dass sie nur Ahnungen schenkt von der *marimba* oder der *salsa erótica*, jener langsamen Variante, zu der sich die Tänzer kaum bewegen, nur die Hüften wiegen in murmelnder Zwiesprache der Körper. Die Bewegungen schicken Wellen über die Holzplanken des Dorfes, beziehen alle ein, auch den Verrückten, der irgendwo im Rhythmus der Musik kleine Schreie ausstößt.

Am Strand säuseln Pärchen. Der Mond steckt wie ein Splitter im schwarzen Himmel. Und der Wald schweigt, als ließe er die Concheras hoffen, wenigstens einmal, wenigstens jetzt.

*

PALMA REAL, dieser Mikrokosmos aus Elend und Lebenslust – ein Sinnbild für Südamerika? Für einen ausgebeuteten Winkel, dessen Bewohner das Träumen nicht lassen wollen? Für einen Kontinent, der mehr Hoffnungen geweckt hat als jeder andere – und mehr verschlissen? Der Hunderte von Revolutionen, Putsche, Rebellionen durchgemacht und einen Boom nach dem anderen erlebt hat: Gold, Silber, Kupfer, Zinn, Kautschuk, Holz, Öl, Gas, Bananen, Shrimps – alles zerronnen. 500 Jahre Aufbruch, 500 Jahre Enttäuschung, ein ewiger Patient der Weltgeschichte?

Vor zwei Generationen lag die Wirtschaftsleistung pro Kopf etwa von Argentinien oder Venezuela rund doppelt so hoch wie die Spaniens und fast dreimal höher als jene von Japan. Heute: *ya no hay*, der Reichtum ist verflogen, die Länder gelten als Armenhäuser, prosperierend nur im Vergleich zu ihren noch bedürftigeren Nachbarn – was ist geschehen? Wieder und wieder werden diesem von der Natur reich beschenkten Weltteil beste Bedingungen für eine Wende attestiert, die sich, ebenso regelmäßig, nicht einstellen will. „Niemals werden wir glücklich sein, niemals“,

Im Flusslabyrinth der Mangroven sind Boote
das einzige Verkehrsmittel – und zugleich Arbeitsplatz für Fischer
sowie Schlafzimmer für ganze Familien

prophezeite im frühen 19. Jahrhundert Simón Bolívar, der den halben Kontinent von der spanischen Herrschaft befreit hat – soll er Recht behalten?

In der medialen Verkürzung steht Afrika für die Wiederkehr von Anarchie, Asien für ökonomischen Aufbruch – und Südamerika? Vage für Korruption, Kokain, Karneval. Das Bild erscheint merkwürdig unbestimmt, wenn überhaupt einmal über die Länder berichtet wird. Europa scheint sein Interesse abgezogen zu haben von diesem schwierigen, rebellischen Erdteil, der ihm doch durch Geschichte und Sprachen vertrauter sein könnte als manch anderer.

Und wir? Werden Christopher Pillitz, der Fotograf, und ich klüger sein nach 10 500 Kilometern? Unsere Reise wird in fast drei Monaten im uruguayanischen Punta del Este enden, im mondänsten Badeort der Hemisphäre, dem denkbar größten Kontrast zu Palma Real. Dazwischen liegen die Anden, Wüsten, Urwald, Pampa und endlose Entfernungen; wir werden Revolutionäre treffen und Bürokraten, Hexer und Gauchos, Glaubens-Fanatiker und: den Teufel. Auf einem Kontinent, der wie in seinen Romanen bis heute und immer noch ein magisches Kunststück zu vollbringen scheint: Mut aus Verzweiflung, Energie aus Erschütterung zu gewinnen.

Alltag in Palma Real: Warten auf ein besseres Leben

*

Von Palma Real vier Stunden schwankende Fahrt im Langboot nach San Lorenzo. Dort steigen wir vom Wasser um aufs Land. Am Ufer beladen hagere Männer Lastwagen mit Reissäcken, Bananenstauden, Benzinkanistern. Auch wir werden verstaut, in einen Bus nach Quito. Und mit uns: Gewehre, Trockenfisch, Zuckerrohrstangen, eine monströse 3000-Watt-Musikanlage, Plastik-Weihnachtsbäume für das nahende Fest, verschnürte Hühner, Fahrräder, Eisenträger für Betonwände, Motorsägen, drei Schweine, Berge von Kokosnüssen. Der Fahrer sitzt auf einem am Boden fest geschweißten Gartenstuhl, er dreht den Lautstärkeknopf des Radios bis zum Anschlag und gibt Gas.

Es geht über Schlaglochpisten aus roter Erde, durch wuchernde Wälder, Natur in tropischem Übermut. Um uns im Bus *costeñas*, Bewohnerinnen der Küstenzone, berüchtigt für ihr Temperament. Stolze Frauen in knappen Kleidern, die ihrem Ruf alle Ehre machen. Unter brüllendem Gelächter erörtern sie die vermuteten Penislängen der männlichen Mitfahrer, eine endlose, wüste Fantasie; die Männer schauen verschüchtert aus den Fenstern.

Nur Gabriela beteiligt sich nicht. Sie bemuttert ihr Kuscheltier, ihre *mascota*: ein winziges Faultier, ein aschfahles Bündel mit schläfrigem Blick und langen, spaghettiglatten Haaren, das sich in Zeitlupe auf der Handfläche der Besitzerin räkelt. Kaum drei Monate alt sei es, sagt Gabriela und füttert Apfelbrocken. Sie hat das Tier auf den Fantasienamen „Legaroz“ getauft.

20 Kilometer weiter: Polizeikontrolle. Suche nach kolumbianischen Guerilleros, die zunehmend von Ecuador aus operieren. Alle Reisenden müssen sich in Reihe aufstellen, was erlaubt, die Passagierzahl des 38-sitzigen Busses zu ermitteln: 62. Ein Kämpfer findet sich nicht. Aber dieses Faultier. Ratlos umrunden die Polizisten das haarige Wesen: Gehört es zu einer geschützten Art, benötigt es Papiere, schleppt es Krankheiten mit sich? Die Gendarmen wiegen bedenklich die Köpfe, einer berührt das Tier gar, schließlich winken sie es durch. Im Zweifel, kalauert ein Polizist, für die Faulen.

Ein Faul- als Kuscheltier. »Zumindest kann es nicht weglaufen«, sagt die Besitzerin

Nach dem Stopp drängt sich eine der Costeñas neben mich, eine schmale Person mit knallrotem Hosenanzug, und überfällt mich mit gezielten Fragen: Wie mein Name sei, wo ich herkomme, ob ich verheiratet sei, wie ich es mit der Treue hielte? Umstandslos geht sie zur finalen Attacke über:

„*Gringo*, willst du mich heiraten?“, fragt sie mit ernstem Gesicht.

„Warum sollte ich?“

„Dann kann ich nach Deutschland.“

„Aber wir kennen uns doch gar nicht.“

„Egal“, antwortet sie. „Hauptsache Deutschland.“

Draußen weicht der Tropenwald kargen Höhenzügen. Der Bus schleicht die westliche Andenflanke hinan, sieben Stunden lang nur bergauf: von null auf 2900 Höhenmeter. Mit jeder Kurve wird es kälter, trockener. Die Küstenmenschen steigen nach und nach aus, auch die heiratswillige Costeña. Kleinwüchsige Hochland-Indios mit straffen Gesichtern nehmen ihre Plätze ein. Es geht vorbei an dunklen Steilwänden, an schäumenden, stürzenden Bächen. Durch Wolkenlücken meißelt diamantenes Licht die Konturen der Kordillere heraus, beinahe schmerzhaft deutlich nach der milden Unschärfe der Tropenküste.

Ankunft in Quito, der „Perle des Kontinents“ und Hauptstadt Ecuadors. Sie füllt einige Andentäler mit

»Busfahren ist vor allem eine Lärmattacke: röhrender Motor, brüllendes Radio.«

Im Páramo, dem baumlosen Hochland der westlichen Anden, markieren Kreuze mal Weggabelungen, mal erinnern sie an die Opfer von Verkehrsunfällen

insgesamt 60 Kilometern kantiger Betonklötze, getönter Scheiben in Alurahmen, verschlungener, offener Stromleitungen – so sieht er aus, der „Stil der Stillosigkeit", den der Schriftsteller Mario Vargas Llosa an Südamerikas Städten beklagt.

Die Perle des Kontinents, das ist die sandsteinfarbene Altstadt rund um die Kathedrale, die älteste des Erdteils. Auf der Plaza de la Independencia davor verheißen selbst ernannte Prediger einen Platz zur Rechten Gottes, werben heisere Wunderheiler für magische Tees, üben Kampfsportler, erlösen Schnellbeter im Minutentakt von jeglichem Leiden – es herrscht Bedarf an Rettung in Ecuador, seit die Wirtschaft des Landes mit dramatischer Wucht kollabiert ist.

In vier Jahren, von 1996 bis 1999, hatte die Währung, der Sucre, fast 90 Prozent ihres Außenwertes verloren, die Inflation überschlug sich. Da half nur noch die Amputation: Im Frühjahr 2000 schaffte Ecuador das eigene Geld ab und ersetzte es durch den US-Dollar. Zugleich waren während der Krise die Einkommen auf ein Fünftel zusammengeschnurrt, mehr als zwei Drittel des Volkes lebt seither unterhalb der Armutsgrenze. Einen so gründlichen Zusammenbruch hat selbst das infarkt-gewöhnte Südamerika selten erlebt.

Das moderne Quito – ganz im »Stil der Stillosigkeit« südamerikanischer Städte

In der Calle La Pinta, Haus Nr. 455, wird die Rettung für einige Wenige jeden Nachmittag auf blauen Samt geheftet: acht DIN-A4-Blätter voller Namen. Lizenzen für ein besseres Leben: Wenn die spanische Botschaft verkündet, welchen Ecuadorianern sie eine Aufenthaltserlaubnis für Spanien gewährt, drücken Angehörige ihre Nasen an den Schaukasten. Einmal ist davon die Scheibe gesprungen, zur Strafe gab es eine Woche lang keinen Aushang.

Ecuador will weg, weg von sich selbst. In nur zwei Jahren haben etwa 500 000 Bürger ihr Land verlassen, rund vier Prozent der Bevölkerung. „La hemorragia del país", titelte eine Zeitung – das Ausbluten der Nation. Die meisten Emigranten wollen in die USA oder nach Spanien. Vor dessen Botschaft drängen sich nachts bis zu 1000 Menschen wärmend aneinander, schlafen auf Pappkartons unter

»Ein Quacksalber wirbt ganz ›wissenschaftlich‹ mit einer Anatomie-Puppe – und macht glänzende Geschäfte.«

Plastikplanen. Zuweilen wird die Calle La Pinta wegen Überfüllung geschlossen.

Esmeralda Valladares Ortíz, eine Krankenschwester aus dem Süden des Landes, wartet seit vier Tagen. Sie ist wohl normalerweise eine elegante Frau, man kann es sehen, nun hat sie wirres Haar, Flecken auf dem Mantel. Die 54-Jährige kauert, auch nachts, auf einem Holzschemel, den sie für zwei Dollar gemietet hat. Sie hofft, am nächsten Morgen vorzudringen in die Botschaft, um dort die Papiere ihres Neffen zu deponieren: Gilber Ermigdo Ortíz, 27, studierter Lehrer, seit etwas über einem Jahr illegal im spanischen Valencia als Bauarbeiter tätig. Er hat wie so viele sein Haus in Ecuador mit einer Hypothek belastet, um die Überfahrt nach Spanien zu bezahlen, sagt Esmeralda. Wenn er keine Aufenthaltserlaubnis erhält und aus Valencia zurückgeschickt wird in seine Heimat, dann kann er die Hypothek nicht mehr bedienen, dann sind Haus und Zukunft verloren.

Bis zur Entscheidung wird es Monate dauern. Aber immerhin: Esmeralda sitzt bereits in der zweiten Reihe. Die Auswanderer haben sich streng organisiert, die Ordnung des Exodus. Die erste Menschenschlange verläuft an der Bordsteinkante, ihr Ziel: Formulare abholen. Die zweite drückt sich an den Grundstücksmauern entlang, Absicht: die ausgefüllten Formulare abgeben. Die dritte Reihe – Hoffnung: positiven Bescheid erhalten – wartet auf der anderen Seite vor einer grob verputzten Hauswand mit einem Graffito darauf: „Wunderschönes Land mit Meerblick zu verscherbeln. Weitere Auskünfte: Präsidentenpalast“.

So viele Ecuadorianer kommen zur spanischen Botschaft, dass eine rege Ökonomie erblüht ist. Da hocken die *vendedoras*, die das Warten zu ihrer Profession gemacht haben und sich nur einreihen, um ihre Plätze später für 20 Dollar an Eilige zu verkaufen. Da sind die *tramitadores*, die Vermittler, die für 120 Dollar einen Vorgang erheblich beschleunigen können, weil sie „Freunde“ haben in der Botschaft; doch Vorsicht, wispert Esmeralda: Einige fälschen Dokumente, andere machen sich mit dem Geld aus dem Staub. Da ist der *comunicador*, der ein rotes Telefon an die Hauptleitung geklemmt hat und nun Gespräche gegen Wucherpreise vermittelt, da sind Essensverkäufer und Schreiber, den Analphabeten zu Diensten.

Die Hintermänner tauchen hier nicht auf, sie operieren in Hinterzim-

Vor der spanischen Botschaft drängen sich Angehörige illegaler Emigranten, um für sie das Bleiberecht in Europa zu erwirken

Einmal im Jahr treten die besten Stierkämpfer der Welt in Quito an – als Reminiszenz an die spanischen Eroberer des Kontinents

mern im ganzen Land: Reiseunternehmer, Anwälte und Grundstückspfänder. Sie verkaufen das wichtigste Utensil jeder Ausreise, *la bolsa*, die Tasche. Sie ist gefüllt mit einem Flugticket, 2000 Dollar in bar, einem Zettel mit Antworten auf alle Fragen, die bei der Einreise in Spanien zu erwarten sind, sowie Hotel-Coupons, die eine Reiseplanung vortäuschen sollen. Denn die Auswanderung, Ironie der Not, muss sich als Luxusurlaub tarnen.

Vor der Botschaft wird jeder Komfort unterbunden, das Feldlager ist der Regierung peinlich. Den Toilettenwagen hat die Stadtverwaltung wieder abgezogen. „Die behandeln uns wie Bettler", schimpft Esmeraldas Nachbar, „dabei existiert Ecuador doch nur dank der Überweisungen unserer Verwandten." Es stimmt: Rund ein Viertel der Deviseneinnahmen des Landes stammt von Emigranten.

Jede Familie, meint Esmeralda, hat Kinder in der Fremde, „sonst würden wir nicht überleben". Ihr Monatsgehalt ist innerhalb von zwei Jahren von damals 800 auf – heute umgerechnet – 150 Dollar geschrumpft, sagt sie, und dabei schießen Tränen in ihre Augen. Wie viel Scham muss sie verspüren, als sie in mein Ohr flüstert, ob ich ihr ein paar *dolaritos* borgen könne, Dollarchen. Nur die Verniedlichungsform mag ihr die Frage erträglich gemacht haben.

AUS PROTEST GEGEN DEN RUIN des Landes, über den in acht Jahren sieben Staatschefs präsidiert und daran gut verdient haben, erhob sich der indianische Teil des Zwölf-Millionen-Volkes am 21. Januar 2000. In Wellen überrannten die Wütenden die Stacheldrahtsperren in Quito, besetzten den Kongress – und putschten sich zur eigenen Verblüffung an die Macht.

Einen historischen Wimpernschlag lang – genauer: drei Stunden – führte eine Junta aus jungen Militärs und Indios das Land, dann ließen die Soldaten die Allianz platzen, und alles blieb, mit einem neuem Präsidenten, beim Alten. Die Ureinwohner, das wissen sie heute, sind von den Offizieren verraten worden, aber immerhin: So nah der Macht waren sie in 500 Jahren noch in keinem südamerikanischen Land.

Die Rebellion lässt sich kaum zusammenbringen mit Ricardo Ulcuango, dem Vizepräsidenten von Conaie, der mächtigen Interessenvertretung der Indios. Wir treffen ihn in seinem schäbigen Büro im Hauptquartier an der Avenida Los Granados. Wir wissen, er stammt vom Volk der Cayambi und gilt als Radikaler. Als wir vor seinen Schreibtisch treten, klopft er ein paar Brotkrümel von seinem erd-

braunen Poncho, streicht die hüftlangen Haare zurück und schaltet sein Mobiltelefon aus.

Dann redet er. Aber nicht von der Revolution. Sondern über die jüngste OECD-Konferenz in Paris, die neuesten Weltbank-Beschlüsse, das großartige internationale *networking* von Conaie, ohne das auch eine lokale Organisation wie seine einfach nicht mehr funktioniere. Er klingt wie ein routinierter Politiker, wie seine Gegner. Spaltungen innerhalb von Conaie, wie alle Zeitungen berichten? Alles Lüge. Frustration über den verratenen Aufstand? Wo denken wir hin.

Im Gegenteil: Seine Organisation baue die Macht von unten auf: „Wir haben Bürgermeister, Präfekte, Abgeordnete, und eines Tages, kein Zweifel, werden wir den Präsidenten stellen. *Venceremos*…" – und wenn wir ihn jetzt bitte entschuldigen würden, ein Fernseh-Interview.

Längst hat sich die selbst gestrickte Revolution professionalisiert, das zeigt sich auch an der neuen Bezeichnung, die sich die Indios gegeben haben: Denn nicht mehr Indios wollen sie heißen, sondern Indígenas (wörtlich übersetzt: Eingeborene) oder Die-von-den-ursprünglichen-Völkern. Mögen im Foyer von Conaie Federamulette und Alpaka-Schals zum Verkauf ausliegen – das neue Selbstbewusstsein der Indígenas ist weit mehr als Folklore, das wird später auch in Peru und Bolivien zu erleben sein. Und den verrutschten Putsch in Ecuador erachten viele nicht mehr als Demütigung, sondern als Lehre: Beim nächsten Mal werden wir es richtig machen. Und das nächste Mal wird kommen.

*

Gott bewahre! Sie waren schon schlimm genug, diese Aufstände der Indios, der „Braunen". Beinahe wäre ihr Liebstes ausgefallen, die Corrida. Aber zum Glück, auch dieses Jahr wieder: Stierkampf auf der *Plaza de Toros*. In 40 Jahren hat keine der üblichen Gefahren – Erdbeben, Vulkanausbruch, Wirtschaftskrise – dieses bedeutendste Ereignis Quitos stoppen können.

Caridad Vela strahlt. Die modelschlanke, blonde PR-Dame schwebt in einer Aura aus Chanel und Chi-Chi von Gast zu Gast. Sie trägt Gucci-Hose und Rolex-Uhr, wie es sich unter ihresgleichen geziemt. Und sie hat jene entwaffnende Ehrlichkeit der High Society: „Natürlich ist das hier ein *snob-event*. Wissen Sie, Ecuador ist in allem zweitklassig. Niemals besuchen uns die großen Stars, ein Michael Jackson, ein Pavarotti – vergessen Sie's. Nur beim Stierkampf sind wir Weltspitze, deswegen ist er so wichtig für uns."

Die Toreros kämpfen zum Gefallen der weißen Oberschicht;
bei Eintrittspreisen, die das Monatssalär der meisten Ecuadorianer übersteigt,
vergnügt sie sich mit Wein und Kaviar

Die besten Toreros Spaniens sind angereist, Morante de la Puebla, Finito de Córdoba. Und die oberen Eintausend Ecuadors. Männer mit öligem Haar und Panama-Hut, Frauen mit nabelfreiem Top und hochgedrückter Oberweite. Eine Tageskarte kostet bis zu 77 Dollar, mehr als ein Monatsverdienst vieler Ecuadorianer, da bleibt man unter sich. Auf der Wiese vor dem Stadion schlürfen sie Austern und Taittinger, sitzen Probe in den Alfa Romeos des Hauptsponsors. Und sie mühen sich mit ungelenken Zungen, das „c" zu lispeln, wie es die Spanier tun, statt es südamerikanisch hart wie ein plebejisches „s" zu zischen. Denn sind sie nicht alle irgendwie Spanier, also oben? Ein Gast sagt: „Warum wir so sein wollen wie die Spanier? Weil sie das Land erobert haben." Der Sieger hat immer Recht. Auch nach 500 Jahren.

Die südamerikanische Machtstruktur hat sich seit Ankunft der ersten Konquistadoren kaum verändert. Oben wenige *blancos*, je heller, desto angesehener. Darunter die Mestizen, das „hellbraune" Mischungsprodukt aus Eingewanderten und Eingeborenen. Schließlich die unvermischten Indígenas, rund 30 Prozent in Ecuador; sie stellen seit jeher die unterste Schicht. Hautfarbe als soziales Sortierinstrument. In Quitos Schönheitssalons wird Gesichtsbleiche angeboten.

Die wäre in der Arena gänzlich überflüssig. Hier brüllen sie *olé* und

Der Cotopaxi gilt als einer der schönsten so genannten Stratovulkane, deren Flanken besonders ebenmäßig und steil sind

arriba. Und als wider Erwarten der ecuadorianische Torero den besten Kampf des Tages liefert und zur Belohnung beide Stierohren erhält, da fliegen die Sitzkissen, da schallen „Ecuador"-Rufe durch das Rund, da hat die Kolonie dem Mutterland gar gezeigt, wer die besseren Spanier sind: *¡olé!* Und ab zur „Anton aus Tirol"-Party im Zelt.

*

SÜDLICH VON QUITO folgen wir der Panamericana. Sie wirkt wie die billige Kopie eines US-Highways, mit schrillen Neonschildern, Fast-Food-Restaurants, Truck-Stopps, Bordellen. Dazwischen laufen Indígenas mit bunten Ponchos und Kindern auf dem Rücken. Dann öffnet sich der Blick auf Wald- und Wiesenland, auf grasende Kühe und kleine Gehöfte. Allgäu am Äquator. Die Orte heißen Sangolquí, Alóag, Guayatacama. Hinter Latacunga biegen wir ab in die Westkordillere, ins baumlose, spektakuläre Hochland des Páramo.

In den Anden führt jeder Weg hart am Abgrund entlang

Windwellen kämmen das borstige Gras, Wolkenfinger tasten über das steile Land, über stürzende Bergkämme und den faltigen Wurf der Schachbrett-Felder. Eine Welt ohne Horizontale. Die Lehmwege an den Talschluchten entlang sind kaum breiter als unser Jeep, tagelang werden wir keinem anderen Fahrzeug begegnen. Am Straßenrand hocken Menschen, die Ponchos bis zur Nase gezogen, Hüte auf den Köpfen – Kegelwesen ohne Regungen. Worauf sie warten? Wir erhalten keine Antwort. Kaum nähern wir uns, verfallen sie in maskenhaftes Schweigen.

Erst Justo öffnet uns die Welt der Anden-Bewohner. Er stemmt sich über blühendes Kartoffelgesträuch, erntet vor gewaltigem Panorama auf einem Feld steil wie eine Rutschbahn. Justo Pastuña Vichisela lebt als Bauer in der winzigen Gemeinde Chine, auf 4000 Meter Höhe, wo Herzrasen jeden Atemzug begleitet. Der 32-Jährige lädt uns ein in seine Hütte, in deren Lehmboden der letzte Regen eine Furche gezogen hat. Seine Frau Magdalena bietet Essen an: Kartoffeln und ein paar Nudeln ohne Soße, dazu heiße Milch mit dicker Haut. Zum Frühstück wird es das Gleiche geben, zum Mittag- und auch wieder zum Abendessen. Fleisch können sie sich nur alle drei Monate leisten.

Zum Sonnenaufgang am nächsten Morgen erheben sich neun Menschen aus zwei Betten, Atemwolken vor den

In Angamarca sind Lamas nach wie vor nahezu das einzige Transportvehikel

Mündern. Der ständige Frost hat schwarze Flecke in die Wangen genagt. Die Eltern, ihre fünf Kinder, Großmutter Arcelia und Justos Bruder Gregorio putzen sich die Zähne mit dem warmen Kartoffelwasser. Sie murmeln kaum hörbar ein sprödes Spanisch, flüstern, als würden sie sich fürchten. Weil Besucher anwesend sind? „Nein", sagt Justo, „so leise sprechen wir immer. Vielleicht wollen wir die Stille nicht stören." Eine Stille wie vor der Zeit. Ohne Fernseher, Autos, Maschinen.

Es ist sieben Uhr früh. In der rußschwarzen Küche zerstampfen die Kinder Mais zu Mehl. Eine halbe Stunde später gehen sie zur Schule. Magdalena steckt eine Hand voll Kartoffeln in ihre Beutel – „Pausenbrot", das in der Schulküche bereitet wird. Die *escuela* unterrichtet seit kurzem zweisprachig, Spanisch und Quechua, obwohl seit Generationen kein Mensch in Chine die aus Inka-Zeiten stammende Sprache mehr spricht. Warum also sollen die Kinder Quechua lernen? „Weil wir ihnen damit zeigen, dass wir anders sind und nicht in die Welt der Weißen passen", erklärt Justo, der das Idiom selber nicht beherrscht. Die Erfindung einer Identität.

Magdalena und Justo wandern zu einem ihrer Felder, es liegt zweieinhalb Fußstunden entfernt. Vorbei an Lama-Herden und strohgedeckten Hütten, die im Morgenlicht dampfen. Die beiden bauen an, was die dünne Luft und die glosende Sonne gedeihen lassen: Gerste, Bohnen und Kartoffeln. Ein Fünftel der Erträge verkaufen sie, vom Rest ernähren sie sich, wenn die Ernte gut ist. Und wenn sie es nicht ist? Oder wenn ein Kind krank wird? Dann müssen sie eines der Tiere verkaufen, ihre Lebensversicherung.

An diesem Morgen ernten sie 75 Kilogramm Kartoffeln in zwei Stunden, beladen den Esel und kehren wieder heim. Im Gehen strickt Magdalena Socken für die Kinder, jeder Moment ist mit Arbeit gefüllt. Auch daheim: Kochen, Kleidung flicken, Haus reparieren – ein Alltag, der aus den immer gleichen Tätigkeiten besteht.

Die materielle Inventur der Familie Pastuña: ein Schrank, ein Kocher, die beiden Betten, eine Bank, vier Töpfe, ein paar Teller, ein zweiter Satz Kleider. Vor der Tür ein Dutzend Kühe und Esel, dazu 1,5 Hektar Land. Derzeitige Ersparnisse: 32 Dollar. Und ein großes Problem ist: Wie

»Zweimal platzt ein Reifen, Helfer sind jeweils rasch zur Stelle. Unser Dank: eine Mitfahrgelegenheit.«

A FISCAL "PIO JARAMIL
ALV
NANDO

Neben ihrer Schule in Mocata trinken Kinder Gerstensuppe, die der Staat spendiert – für viele ist es die einzige warme Mahlzeit am Tag

Leben in Chine: Justo Pastuña Vichisela auf seinem Kartoffelfeld...

... mit seiner Frau Magdalena und den fünf Kindern beim Frühstück ...

bekommt man mehr, wenn man so wenig hat?

Wenn einem zudem jegliches Dokument fehlt. Justo besitzt keinen Ausweis, keinen Vermerk im Grundbuch, keine Hypothek, keinen Beleg für den Wert seines Hauses, das er selber errichtet hat. Damit ist er in der Welt der Banken nicht existent. „Die lachen nur, wenn wir durch die Tür kommen." Klein, mit harten Händen und einem indianischen Gesicht – was helfen ihm da seine klugen Augen und der schnelle Verstand. Kredite, Fortkommen gibt es nur für Kooperativen; die werden unterstützt von privaten Hilfsorganisationen im In- und Ausland.

Also treibt Justo seit vier Jahren die Kooperative „Curi Maqui" an, die Goldene Hand. Er hat große Pläne. Ein Kredit über 4000 Dollar soll Kühe finanzieren und eine Käserei. Die Produkte sollen Geld bringen für die Ausbildung der Kinder, für Medizin, für ein drittes Bett. Dafür liest und rechnet Justo abends im Schein der Spirituslampe, er hat sich bei einer Hilfsorganisation weitergebildet, sogar einen Kurs an der Universität besucht – ein Modernisierer aus eigener Kraft. Und Magdalena hat seine Arbeit auf dem Feld übernommen, wenn er wieder einmal fort war. „Wir haben viel geopfert", erzählt sie flüsternd. Für ein winziges Stück südamerikanischer Hoffnung.

Davon wagten sie vor ein paar Jahren nicht einmal zu träumen. Da erst ging hier das Mittelalter zu Ende. Aber davon erzählt nicht Justo, sondern Padre Pino, der weißhaarige, Salesianer-Priester unten im Tal von Angamarca. Er hat miterlebt, wie erst Chine, dieses rebellische Dorf, und dann die anderen Weiler sich vom Kolonialismus befreit haben. Noch bis 1990 herrschten hier vier weiße Familien, die Sánchez, Dávila, León und Montufa, letztere schon seit Anfang des 17. Jahrhunderts Hazienda-Besitzer. Ihnen gehörte alles Land, die Indígenas besaßen praktisch nichts, *peones* waren sie, Knechte.

Die *hacienderos* waren angesehene Familien, die, so vermerken die Kirchenbücher, noch in den achtziger Jahren ihre Untertanen zu schikanieren wussten: Zuweilen rissen sie den Indígenas die Schuhe von den Füßen mit der Anweisung: „Geht barfuß!" Oder sie zerstörten die Häuser unliebsamer Bauern und mussten dafür nie Rechenschaft ablegen, denn sie besaßen ja auch die Gefängnisse. „Es war Feudalismus in reinster Form", sagt Padre Pino.

… mit der Kooperative »Goldene Hand« beim Bau einer Käserei …

… und als Zuschauer beim andinen, ausgelassenen Fußballspiel

Dann marschierten als Erstes die Bauern von Chine, allen voran Justo Pastuña, um Land zu fordern. Es gab Tote, drei Indígenas starben.

Ein Vierteljahr später kam einer der weißen Mörder zu Padre Pino und beichtete die Tat: „Früher hatten die Indios Angst vor uns, heute haben wir Angst vor ihnen. Padre, die Welt ist ungerecht." Zwei Jahre und ein paar Tote später haben die Familien schließlich doch ihr Land verkauft, für acht Dollar pro Hektar. Justo besaß zwölf Dollar, er konnte sich anderthalb Hektar leisten. Und Padre Pino sagt: „In den Geschichtsbüchern steht, die Völker Südamerikas seien seit 200 Jahren unabhängig. Das ist eine Lüge."

Es ist Dienstagmittag, und die 40 Familien der Goldenen Hand treffen sich zur *minga*, zur Gemeinschaftsarbeit an der Käserei. In Erwartung des Kredits haben sie bereits begonnen, den Bauplatz aus der Bergwiese zu kratzen, mit Hacken, Schaufeln und ihrem „Dorftraktor": einem fünf Meter breiten Brett, mit dem sie die Erde planieren. Ein fröhliches Treffen. Energisch nutzen sie jeden Anlass zur Albernheit, Juan fällt ins Gebüsch, María verliert das Eisenblatt ihrer Schaufel, ihr Baby spuckt Emilia in den Nacken. Man könnte es für ein Idyll halten.

Und erst recht das anschließende Fußballspiel. Mit quietschenden Gummistiefeln hetzen die Männer einem schlaffen, vielfach geflickten Ball hinterher. Das Match kippt rasch in einen andinen Slapstick – mit Steilvorlagen in Kartoffelfelder, Effetbällen in Schafherden, beiläufigen Tritten gegen die Dorfhunde. Und noch beim wildesten Sturmlauf drücken die Spieler ihre Filzhüte mit einer Hand fest auf den Kopf, das sieht urkomisch aus. Ein echter Bauer, sagen sie, nehme seine Kappe nur zum Schlafengehen, zur Beichte, und – für einen winzigen Moment – zum Kopfball ab. Die Zuschauer amüsieren sich mit wolkiger Gleichgültigkeit gegenüber dem Ergebnis.

Und dann bricht alles zusammen. Niemand war vorgewarnt. Justo hat den Mund gehalten bis zuletzt, bis zur

»Die Kooperative in Chine scheitert, weil ein paar Dollar fehlen. Ein herzzerreißender Moment.«

Versammlung, die sie nach dem Spiel neben dem Fußballtor abhalten: Er trete, verkündet er, zurück von seinem Amt als Präsident der Goldenen Hand. Die Mitglieder schauen entgeistert, sie wissen, was das heißen kann. Die Kooperative am Ende? Die Käserei, der Kredit, alles vorbei? Weil ein paar *socios* ihren Beitrag von 40 Dollar nicht gezahlt haben, obwohl sie Jahre Zeit hatten zum Sparen? Die Goldene Hand muss 1600 Dollar Eigenkapital zusammenbekommen, um den Kredit von 4000 Dollar zu erhalten.

„*Compañeros*", haucht Justo, „uns fehlen einige Hundert *doláres*, in zwei Wochen müssen wir sie haben, das schaffen wir nicht. *Compañeros*, wir sind gescheitert am Egoismus und an der Gedankenlosigkeit einiger Mitglieder; und auch an deren Faulheit." Andere flüstern zurück, verteidigen sich, sprechen von schlechter Ernte, Notfällen. Manche deuten eine Entschuldigung an, wenige zahlen einen Teil ihrer Schulden ab. Die Debatte dauert lange und sie ist von metallischer Härte, aber es fällt kein einziges verletzendes, auch kein lautes Wort. Es ist, als sterbe die Goldene Hand mit einem Wispern.

Später, kurz vor Sonnenuntergang, steht Justo vor seinem Haus, den Blick auf die Berge gerichtet. Wer-

Die Schule von Chine, es fehlen Tische, Stühle und Kreide. Dennoch ist sie ein großer Fortschritt. Vor einer Generation konnte hier praktisch niemand lesen oder schreiben

den die Säumigen in der verbleibenden Frist einzahlen? Nein, sagt Justo, unmöglich. Das wird nichts mehr. „Es gibt zu viele, denen die Vorausschau fehlt, für die sind ein paar Jahre Planung einfach zu lang. Wir Indígenas müssen noch so viel lernen." Die Sonne sinkt, das Tal liegt bereits im Schatten. In der Höhe kreist ein Adler. Justo schaut hinauf und sagt: „Und was mache ich jetzt?"

Wäre das sein Traum? Könnte Justo in Salinas glücklich werden? Die kleine Stadt im Schatten des 6310 Meter hohen Chimborazo gilt als Hoffnungsträger im verzweifelten Land. Wegen dieser Zahl: 5 733 882,24 US-Dollar. Die Managerin im „Business-Center" druckt sie per Laserprinter und mit ersichtlichem Stolz aus, die Summe beziffert den Umsatz des Jahres 1999, den die 1200 Mitglieder der Kooperativen von Salinas erwirtschaftet haben.

In der Zwirnerei surren die Fäden. Aus Farbbädern steigen beißende Dämpfe, die Trocknerstraße heizt den niedrigen Saal. In zwei Schichten verspinnen 74 Arbeiter Hochlandwolle zu einer Zukunft. Die Modellkommune dürfte einer der ganz wenigen Orte Südamerikas sein, in denen Indígenas an Industriemaschinen zu sehen sind. Das ist auch oder gerade

Bis ins 19. Jahrhundert glaubte man, der Chimborazo (6310 Meter), sei der höchste Berg der Welt; so majestätisch überragt er das Andenhochland

für andere Ureinwohner ein irritierender Anblick: Er bricht mit Jahrtausenden bäuerlicher Anden-Kultur, mit der tief verwurzelten Vorstellung, dass Indios auf die Felder gehören, bestenfalls auf den Markt.

Und in der Tat, berichtet eine der Arbeiterinnen, der Umbruch sei kaum zu bewältigen. Nicht die Tätigkeit selbst ermüde sie, „Feldarbeit bietet nicht mehr Abwechslung". Aber dieses Zeitkorsett. Auch nach drei Jahren fiele es ihr unsagbar schwer, im Takt des Zwei-Schichten-Betriebes zu leben und nicht in den Rhythmen der Jahreszeiten. Viele Kolleginnen seien deshalb ausgestiegen – zermürbt von einer Konstanz, die als Disziplin verklärt wird. Es sind die Schmerzen jeder frühen Industrialisierung, und dass manche Spindelbanken aus dem Jahre 1915 stammen, macht dies nur umso sinnfälliger.

Die übrigen 27 Kooperativbetriebe von Salinas sind bereits weiter. Dort formen Arbeiter unter pedantischen Hygienevorschriften Pralinen für den Export nach Deutschland, schichten Käse aller Sorten – Ricotta, Tilsit, Gruyère – in blitzblanke Reifungsregale, verpacken Gourmet-Schnecken für Frankreich und Schokolade für Italien. Es sind kleine Werkstätten, und woanders wären sie kaum der Rede wert. Hier erscheinen sie *como un milagro*, wie ein Wunder, sagt einer der Chocolatiers, der einst Bauer war.

Espletia, die Kerzenschopfblume, eine der wenigen Pflanzen, die in 4000 Meter Höhe wachsen

Wundersam der ganze Ort: Alle Bewohner besitzen Steinhäuser und haben Einkommen, die makellos sauberen Straßen sind durchgängig geteert, und, einmalig im Land, die Stadt verliert nicht, sondern gewinnt Bürger – Arbeitssuchende aus anderen Teilen Ecuadors ziehen hierher.

Um das Mirakel zu ermessen, muss man sich Salinas vor 30 Jahren vorstellen, als es nicht viel besser dran war als Chine, ein Andendorf mit Lehmhütten und einer erschöpften Salzmine. Ein von der Gemeinde produzierter Comic erzählt die Geschichte seither: Wie katholische Priester und Hilfsorganisationen Schritt für Schritt die Kooperativen aufgebaut, Experten aus dem Norden engagiert und die Bewohner geschult haben. Kleinste Schritte, 30 Jahre lang, nichts Spektakuläres. Das, was auch anderswo versucht wurde.

Warum es hier gelungen ist? Er wisse es nicht, letztlich bleibe es ein Rätsel, sagt Pater Antonio Polo, eine

Ökonomischer Lichtblick: Garnfabrik der Kooperative von Salinas

Aufgeräumt und friedlich: die alte Kolonialstadt Cuenca

der treibenden Kräfte im Ort. Im Einzelnen ließen sich die Faktoren des Erfolgs nicht aufschlüsseln, ein Rezept habe Salinas nicht zu bieten. „Das ist es ja, was uns immer wieder an ‚Entwicklung' verzweifeln lässt", sagt Padre Polo: „Kein Fall gleicht dem anderen." Justo wird weitersuchen müssen.

*

WIR NEHMEN EIN TAXI nach Cuenca. Der Fahrer füllt Wasser in den leckenden Kühler, kurbelt die Fensterscheiben per Zange halbhoch und schließt den Motor mit zwei Drähten kurz. Der klingt, als schüttele man Nägel in einer Dose, Kolbenfraß im Endstadium. Dazu stöhnt die Kupplung, trommeln die Achsen, kreischt das Getriebe – eine symphonische Fahrt.

Polizeikontrolle. „*Estimado*, warum benutzen sie keinen Sicherheitsgurt?" Rhetorische Frage. Es gibt keinen, und auch sonst nichts: weder Armaturenbrett, Dachhimmel, Türpolster noch Spiegel – die Auto-Ruine ist geplündert. Durch ein Loch im Boden pfeifen Abgase. Aber wie bewundernswert elegant zündet der *taxista* noch bei schneidendem Fahrtwind seine Zigaretten an – nie benötigt er einen zweiten Versuch.

In Cuenca, einem gut erhaltenen, prosperierenden Kolonialstädtchen treibt uns Angel Vera auf. Ein Lokaljournalist hinter einer dicken Woody-Allen-Brille. Er möchte ein Interview führen. Solche Anfragen erhalten wir häufiger auf der Reise: Was denken wir *gringos* über den Kontinent, wie gefallen uns Land und Leute? Stets werden wir in einer Mischung aus Neugier und Skepsis gefragt, mit jener durchgängigen Ambivalenz also, die Reisenden aus dem Norden überall in Lateinamerika entgegenschlägt.

Angel Vera ist besonders hartnäckig. Er will uns die Stadt zeigen; er führt uns in eines der zahlreichen Internet-Cafés; er lädt uns in eine dunkle Kneipe, in der seine Freunde sitzen: Lehrer, Architekten, Beamte,

»Nur selten werden wir von Neugierigen umringt. Meist halten die Andenbewohner scheuen Abstand.«

Seit auch die letzte Eisenbahnstrecke von einem Erdrutsch
unterbrochen wurde, sind Busse das wichtigste Verkehrsmittel im Land. Zuweilen
wird das Inventar ganzer Bauernhöfe auf ihnen verstaut

Angehörige der schwindenden Mittelklasse Ecuadors. „Cheil Chitler“, ruft einer, was eine lebhafte Diskussion auslöst: Darf man das sagen, darf man so Deutsche begrüßen. Wer studiert hat, ist ein Intellektueller, und als solcher muss er reden; selten habe ich eine solche Liebe zum Wort, zur Debatte gefunden wie hier. Als müsse der Strom der Rede die blockierte Welt flott machen.

Rasch entfaltet sich jene Diskussion, die sich fast immer entspannt: Wer ist Schuld an der Misere Südamerikas? Die Antworten gleichen sich ebenfalls. Verantwortlich sind immer die Anderen, Weltbank, Weltwährungsfonds, Washington, die *gringos*, die Globalisierung, Handelsschranken, die Nachbarn, die Herrschenden. Ob die Völker, ob die Bürger selber etwas ändern könnten? Nein, sagen sie, unmöglich bei den Verhältnissen, die ja bereits ein halbes Jahrtausend walten. Ich provoziere mit dem Begriff „Opferkomplex“. Sie sind empört. Wie könne man nur die objektiven Schwierigkeiten von Armut und Unterdrückung mit einem psychischen „Komplex“, also einer subjektiven Disposition verwechseln.

Was aber stimme, sagt Angel Vera, sei: Südamerika leide seit langem an manisch-depressiven Zyklen. Mal euphorisch bis zur Verausgabung, dann in Depression versunken: „Eine gefühlskranke Kultur.“ Zurzeit stecke man tief in der Melancholie, dabei sei doch alles eigentlich so komisch: Von 1996 bis 1997 hatte Ecuador einen Präsidenten, der aus dem Amt gejagt wurde, weil er offensichtlich verrückt geworden war. Und dann einen, der das Land ruinierte, um anschließend in Harvard Politik zu unterrichten. „Das musst du dir mal vorstellen“, brüllt Angel, „der unfähigste Idiot – in Harvard. Neue Staatslenker ausbilden!“ Er kann sich nicht mehr bremsen und lacht und lacht, ein schrilles, irres Gelächter, es will nicht enden – ein großes Verlachen der Wirklichkeit.

Erst Bier löscht die Erregung. Es ist spät, als wir auf den Platz vor der Kathedrale treten und an einem der Bratstände gegrilltes Meerschweinchenfleisch essen, eine lokale Delikatesse, die wie Kalbsbraten schmeckt. Dann gehen Angel und seine Freunde schwankend nach Hause. Der Abend klingt mir noch tagelange in den Ohren. Er könnte einem Schlüsselroman über Südamerika entstammen: Das irre Lachen des Angel Vera.

»Unsere letzten Meter in Ecuador, im tropischen Tiefland. Schwüle Wärme, träges Leben – nichts erinnert an die Anden.«

Unterwegs zu den

Wolkenmenschen

Drei Länder, drei Temperamente: Wenig vereint Peru, Kolumbien und Brasilien außer dem Hang ihrer Bewohner zum Wundersamen, mit dem sie mal ihre Geschichte, mal die Abenteuer der Moderne zu bewältigen versuchen

In der Bayovar-Wüste wartet ein fliegender Händler auf einen der seltenen Busse, um an Bord *empanadas* zu verkaufen, Teigtaschen

Welt ohne Horizontale: Jenseits der Ruinenstadt Machu Picchu erhebt sich eine nahezu unüberwindliche Bergwelt

Zu Boi Bumbá, dem buntesten Karneval Brasiliens außerhalb Rio de Janeiros, inszenieren die Bewohner einer Amazonasinsel indianische Mythen

An den Wasserläufen des Amazonas stechen immer wieder Reiher aus dem dunklen Grün des Regenwaldes hervor

Wenn sich Nebel über den Regenwald legt, ist das nicht immer ein Naturphänomen. Zuweilen stammt der Dunst, wie in Rondônia, von Brandrodung

Nur selten noch legen die alten Frauen vom Volk der Matsé traditionellen Gesichtsschmuck an: rote Farbe und bemalte Pflanzenfasern

LIBRERIA
FERIA DE REVISTAS

Celendine, ein typisches peruanisches Bergstädtchen: hartes Licht, strenge Architektur und ein Leben fern jeder Hektik

Die Salinen von Maras im Urubamba-Tal stammen vermutlich aus der Zeit

s und speisen sich aus unterirdischen Wasserläufen und werden bis heute bewirtschaftet

Der Geistheiler Vicente Nolasco aus Chiclayo, Peru, bespuckt, nein: reinigt einen Patienten mit beißendem, alkoholhaltigem Duftwasser

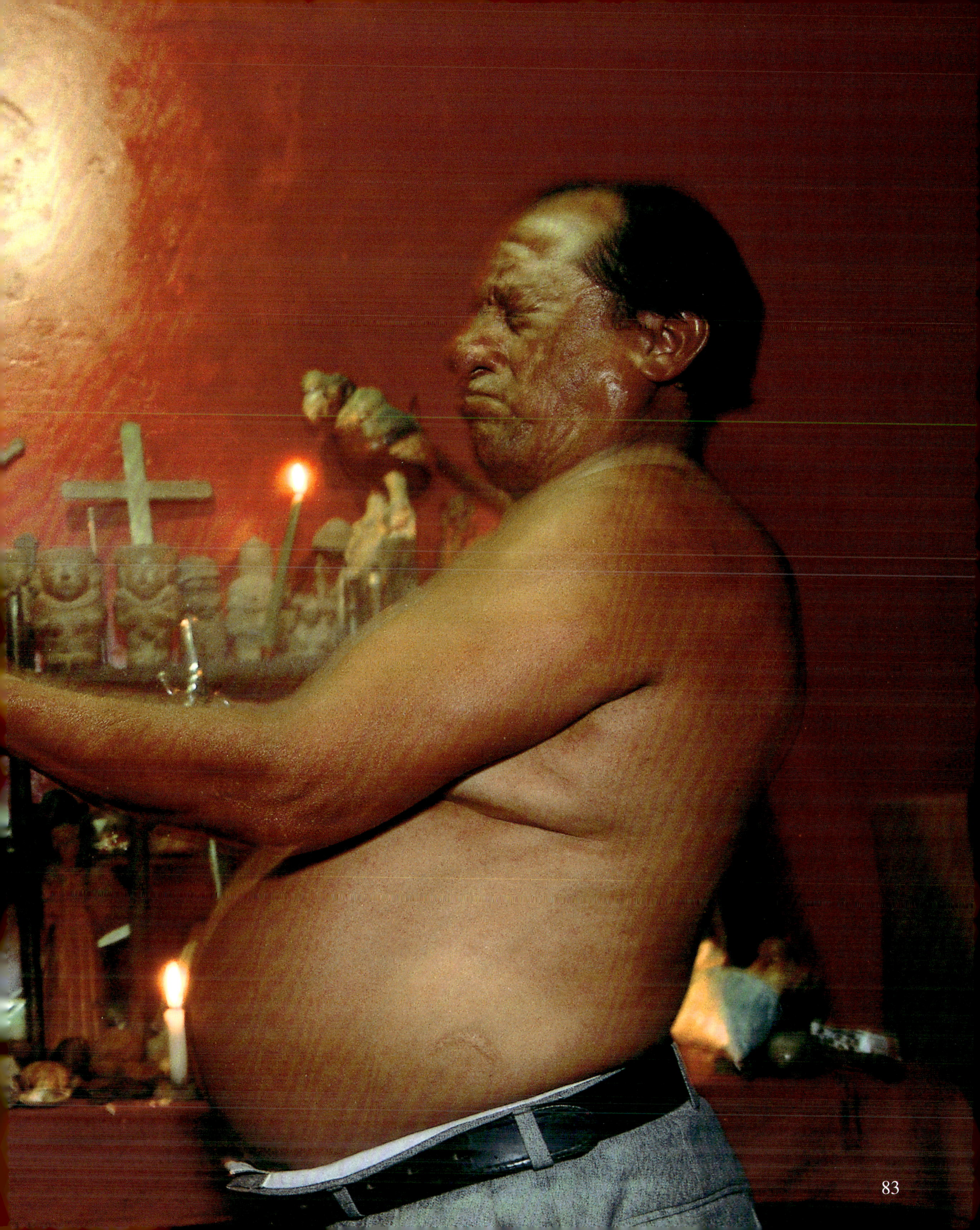

Bis heute haben die Ma

des Inka-Tempels Coricancha in Cusco allen Erdbeben standgehalten; einst, so wird vermutet, waren die Wände mit purem Silber verziert

as Volk der Uros lebt von und mit dem Titicacasee – auf schwimmenden Inseln, die es ebenso aus Tortora-Schilf bindet wie seine Häuser und Boote

Silvester im kolumbianischen Grenzort Leticia bedeutet: eine stundenlange Schlacht der Einwohner mit Wasser und Maismehl

Im Flugzeug über dem Amazonas: wie silberne Intarsien wirken die weit ausgreifenden Wasserarme des längsten Flusses der Welt

Die GEO-Reporter erhalten Nachhilfe in Sachen Korruption, treffen einen flamboyanten Geistheiler, Indianer, die Frösche schweben lassen – und Karnevalisten, die bei ihren Aufzügen wenig Spaß verstehen

Grenze zwischen Ecuador und Peru. Acht Uhr früh, und der Kontrollposten in Macará ist nicht besetzt. Der ecuadorianische Beamte steht bis zum Bauch im Fluss und rasiert sich. Wir sind die einzigen Passanten und hocken uns vor das Wachhäuschen; es stinkt nach Kerosin, mit dem die Bude gegen Ungeziefer ausgewischt worden ist.

Die Morgensonne brennt wie eine Fackel. Es dauert, bis der Grenzer seine Morgentoilette beendet hat, die Langsamkeit ist vermutlich eine alte Gewohnheit: Bis vor kurzem war Eile nicht vonnöten, da der Übergang nur stundenweise geöffnet wurde als Folge eines Krieges beider Länder um einen Fetzen Urwald.

Als uns der Zöllner endlich durchwinkt – Spuren von Rasierschaum im Gesicht, Handtuch um die Hüften geschlungen –, schrillt ein Pfiff. Der Halbnackte ruckt in Habt-Acht: Ecuadors Fahne wird gehisst. Kurz darauf steht Peru stramm. Am Abend geht's in umgekehrter Reihenfolge – kleines Grenzabkommen. Noch am entlegensten Ort müssen die Formalien stimmen in der allpräsenten Bürokratie Südamerikas. Der Peruaner drückt uns einen Einreisebeleg in die Hand: „Dieses *papelito* is witschtik", sagt er freudestrahlend in seinem per Fernkurs erlernten Deutsch, „billkohmen in Peru."

Das Taxi nach Chiclayo teilen wir mit drei Erwachsenen und zwei Kindern, der Kofferraum ist gefüllt mit Kisten voller Granatäpfel. Wir quetschen uns auf die Rückbank. Schon brüllt der Obsthändler José einen atemlosen, empörten Monolog in den Fahrtwind, einen Wortschwall, wie wir ihn in Peru noch viele Male hören werden: Alberto Fujimori, dieser Gauner-Präsident, und sein Geheimdienstchef Vladimiro Montesinos – mehr als eine Milliarde Dollar haben sie aus dem Land gezockt, Drogen geschmuggelt, Waffendeals, Durchstechereien, und die CIA hat zugeschaut; dabei war Fujimori „unser Held, unsere Hoffnung", hat er nicht die Terroristen besiegt?, haben wir ihn nicht alle gewählt?, und dann haut er einfach ab nach Japan, der Verräter; ach, Peru könnte so reich sein, besitzt ja alles, Öl, Erze, Weizen, ist aber so korrupt, jeder gegen jeden, am schlimmsten die Politiker; der Bettler auf einem goldenen Schemel, hieß es einst über das Land, jetzt ist der Schemel weg und nur der Bettler geblieben, ehrliche Arbeit, vergiss es, *son todos ladrones*, alles Diebe.

Zum Durchatmen kommt José an den Polizeikontrollen alle 20 Kilometer. Jedes Mal reicht er den Beamten eine Hand voll Äpfel durch das Fenster. Am Ende hat er ein Drittel seiner Fracht verschenkt. Kaum haben wir José abgesetzt, eine weitere Kontrolle: Hercules, dem Fahrer, fehlt ein Dokument. Vorladung, es drohen 50 Sol, 14 Dollar, Strafe.

Das fehlende Papier, muss man wissen, gehört zu jenen in Südamerika weit verbreiteten, die zwar vorgeschrieben sind, die aber keine Behörde ausstellt. Es gibt sie nur, damit es sie nicht gibt, und Polizisten an deren „Nichtexistenz" verdienen können. Besonders heute, an einem Montag. Am Wochenende haben die Beamten getrunken, nun brauchen sie Geld.

Aber das lässt Hercules nicht mit sich machen. Gegenangriff. Er holt einen befreundeten Polizeimajor ab, nach fünf Minuten auf dem Präsidium ist die Sache erledigt, straffrei. „Gut, dass man *amigos* hat“, erklärt Hercules.

Und wenn man sie nicht hat? „Dann schafft man sie sich.“

Und wie? „Na, wie wohl.“ Er reibt Daumen und Zeigefinger aneinander.

Wer sich jemals gefragt hat, ob solch benachbarte und verwandte Nationen wie Ecuador und Peru sich im Temperament unterscheiden, spürt die Antwort rasch: Peru folgt einer härteren Gangart, nicht nur was die Unverhohlenheit der Korruption angeht.

Die öffentlichen Telefone sind in Eisenkäfigen an Hausmauern geschmiedet, Lastwagenfahrer schnüren Dornengestrüpp um die Ladeflächen gegen Wegelagerer, in vielen Bars wird man mit Metalldetektoren abgetastet, alle Dorfzentren heißen *Plaza de Armas*, Platz der Waffen.

Es ist ein zynisches Land, in dem alle einander misstrauen, erst recht, seit Alberto Fujimori, der einstige Hoffnungsträger, nach Japan geflüchtet ist. Es ist ein Land, in dem Richter Viehdieben die Empfehlung geben, beim nächsten Mal nicht vier, sondern 20 Kühe zu klauen, damit sie die Richter angemessener bestechen können. In dem einer von Hercules’ Freunden, ein Beamter, versucht hat, durchs Leben zu kommen, ohne Bestechungsgelder anzunehmen – seine Arbeitskollegen haben ihn fertig gemacht, bis er an zerrüttetem Herzen starb.

Ein Land, in dem viele Gespräche enden in der Verwunderung über den zähen Wiederholungszwang südamerikanischer Geschichte: Generationen von Machthabern haben den Kontinent geplündert, wieder und wieder. Macht heißt Raub, ganz einfach. Ein Modell, das spanische Beamte in mehr als drei Jahrhunderten Kolonialherrschaft etablierten, weil sie ihre fünfjährigen Amtsperioden als einmalige Chance zur Bereicherung verstanden. Das Land, das Volk als Beute. Die Kultur der Korruption hat sich so tief ins Gesellschaftsgewebe geätzt, dass kaum noch jemand auf Wandel hofft. Allenfalls auf Mäßigung. „Sie dürfen ja klauen“, sagt Hercules, „aber bitte: zurückhaltend.“

Jeden Tag drucken die peruanischen Zeitungen Belege der Plünderung. Hohe Generäle verdienen in Peru offiziell 1500 Dollar monatlich, auf Farbdoppelseiten wird ihr Besitz gezeigt: millionenteure Villen in Miami, deutsche Limousinen, Strandhäuser in Lima. Konsequenzen haben solche Veröffentlichungen selten.

Die Korruption ist so allgegenwärtig und öffentlich, dass sie längst das Volksgedächtnis anästhesiert hat. So jedenfalls ließe sich erklären, wes-

Von der Küstenwüste Perus zu den entlegensten Gebieten des Regenwaldes – die zweite Etappe führt über weite Strecken. Und oft hilft nur das Flugzeug weiter

halb Alan García, der Präsident, der in den achtziger Jahren Peru wirtschaftlich ruiniert und sich selbst saniert hatte, bei der Wahl zur Fujimori-Nachfolge im Juni 2001 ein aussichtsreicher Kandidat werden konnte und nur knapp dem späteren Präsidenten Alejandro Toledo unterlag.

Aber nein. Hercules korrigiert mich und erteilt Unterricht in fortgeschrittener Korruptionslogik: Gerade *weil* sich García bereits die Taschen gefüllt hat, habe die Hoffnung bestanden, dass er in Zukunft Genügsamkeit übe – und deswegen sei er erst in der Stichwahl mit immerhin 47,4 Prozent Zustimmung unterlegen.

Mir fällt jener brasilianische Politiker ein, der eine Wahl haushoch gewann mit dem Slogan: *Rouba mas faz* – er stiehlt, aber er tut auch etwas.

*

AUCH DIE LANDSCHAFT wird härter. Perus Küstenwüste. Regen ist hier so rar wie in der Sahara. Ein linealgerades Asphaltband durchquert den scheckigen Sand. Kleine Orte ducken sich in der Öde, Hütten aus Krüppelholz, magere Ziegen recken sich nach Dornengestrüpp. Wir halten in einem der Dörfer. Es heißt Malavida – mieses Leben. Und so sieht es auch aus. Das Windrad steht wie gelähmt in der flirrenden Hitze, Sandwehen tanzen vorbei. Wer einatmet, knirscht anschließend mit den Zähnen. Wieso nur lassen sich Menschen in Malavida nieder?

Ein Wüstenort namens Malavida, was soviel heißt wie: das schlechte Leben

Wir gehen zum Brunnen. Eine Frau hebt brackiges Wasser aus dem Schacht. Sie heißt Flores López und erzählt sogleich fröhlich von dem größten Tag des Ortes – als der damalige Präsident Fujimori während eines Wahlkampfes hier gehalten hat. In der Woche darauf standen alarmrote Toilettenhäuschen im Sand. Seither heißen sie Fujimori-Latrinen. „Ein Geschenk Gottes", sagt Flores. Sie füllt einen Eimer nach dem anderen, und ich kann mir die Frage nicht verkneifen: Wie mies ist das Leben in Malavida? „Ach, der Name, lustig, nicht? Aber völlig falsch."

Sie hätten doch alles hier, vor allem Platz im Überfluss für die Tiere und die Ställe. Außerdem reichlich frische Luft, Feuerholz von der nahen Oase, zwei Schulen und – sie zeigt auf die vorbei donnernden Busse – guten Verkehrsanschluss. Und Geld würden sie in den Plantagen am Fluss verdienen, nicht weit von hier. Kein Vergleich zu dem Bergdorf, aus dem sie vor zwölf Jahren gekommen sind.

»Festgefahren. Unser Taxi taugt nicht für Abstecher in den Sand, da kann der Fahrer versprechen, was er will.«

Dort habe es immer nur Streit gegeben, und die großen Familien des Dorfes hätten ein böses Regiment geführt. „Nein“, sagt Flores, „Malavida ist unser Paradies.“

Diese Lektion lernen wir immer wieder auf der Reise: Unsere Maßstäbe greifen nicht. Es gibt ein gutes Leben im schlechten. Das quietschende Windrad nennt Flores *mariposa*, Schmetterling.

*

CHICLAYO, eine lärmende Provinzstadt nahe der Küste, ein wunderbares Chaos. Uralte, rostpockige amerikanische Straßenkreuzer pflügen als Sammeltaxis durch die Straßen. Pärchen flanieren vor der Kathedrale, von den Grills der Fleischbräter steigt scharfer Duft. Viel Cumbia-Musik, tropische Lebenslust.

Auf dem Mercado Modelo finden wir eine Allee aus Hexer-Utensilien: Tierpfoten, Vogelschädel, Schweinehäute, ausgestopfte Iguanas, magische Parfüms mit kühnen Namen: „Liebe mich“, „Geldregen“, „Kundenfang“. Der Norden Perus ist berühmt für seine *curanderos* und *brujos*, Heiler und Hexer.

Wo sie zu finden sind? Eine Nachfrage ergibt Dutzende Adressen, wir beschließen, Vicente Nolasco Alejandría in seiner ochsenblutroten Kemenate zu besuchen. Er willigt ein: Wir dürfen an einer nächtlichen Séance teilnehmen – unter der Bedingung, nichts über die Patienten zu schreiben. Um Mitternacht kehren wir zurück. Geisterstunde. Wenn die bösen Wünsche fliegen. Wenn der *daño* wirkt, der Schadenzauber.

Es ist harte Arbeit, den Blick für die Geisterwelt zu öffnen. Vicente kaut Kokablätter, schlürft einen scharfen Kaktus-Trunk, die der Visionen beflügeln soll, er schüttelt die *chungana*, die magische Rassel, fast eine Stunde lang. Er saugt von einem Löffel einen Sud aus Tabak und Alkohol in die Nase, viermal, und würgt jedes Mal minutenlang an der ekelhaften Brühe.

Dann spuckt er Duftwasser in den Raum, das wie eine Mischung aus Rasierwasser und Knoblauch stinkt. Schließlich raunt er endlose Beschwörungen: „So rufe ich euch,

Am Stadtrand der Wüstenstadt Chiclayo fressen Sand und Wind verlassene Häuser; im Zentrum dienen alte US-Straßenkreuzer als Sammeltaxis

lalay, lalay, meine guten Kräuter, meine guten Talismane, mich sehen zu lassen den Geist und die Genesung, *lalay, lalay*."

Draußen röhrt ein Motorrad auf. Vicente löscht das Licht. Es ist stockdunkel. Er pfeift einen hohen, dünnen, unheimlichen Ton – das ist der Moment, in dem sich in seinem Kopf die Bilder drängen, in dem der *rastreo* beginnt, die Diagnose. Bei jedem Patienten durchströme ihn eine wilde Flut von Visionen, hat er uns erzählt. Ein Strahlenkranz um den Hals des Leidenden bedeutet: im Würgegriff bösen Zaubers. Ein gespreizter Pfauenschwanz: die Gegenwart des Teufels. Ein lichterfüllter Pfad: glückliche Zukunft. Vicente schwitzt, wenn ihn die zornige Hitze einer Patientin umhüllt, er fröstelt, wenn die kalte Seele eines Verstorbenen den Raum betritt.

Vicentes Kemenate ist ein Schlachtfeld der Geister, der Schattenseelen. Und Heilen ist Abwehrkampf. Gegen den Seelenraub, den bösen Blick, den Schrecken, den Liebeszauber – der Curandero und seine Patienten bewegen sich in einer bedrohlichen, missgünstigen Gesellschaft. In ihr sind Geister real wie Körper, Flüche wirksam wie Hiebe.

Schwarze, also böse Magier, die es in ähnlicher Zahl gibt wie die weißen, guten, bohren im Auftrag ihrer Klienten Nadeln in Puppen, zerreißen Kleidungsstücke der zu Verfluchenden, verhexen Lebensmittel. Vor allem für die Abwehr solcher Daños fühlt sich Vicente zuständig, dafür auch hat er seine *mesa* eingerichtet, einen Tisch mit rund 200 magischen Objekten.

Dort finden sich Glaskugeln, Menschenschädel, Zauberstäbe, Inka-Figuren sowie ein Wikingerhelm aus Plastik. Jeder Fetisch hat seine eigene Kraft und genaue Position auf dem Tisch, der Vicente bei seinen Ausflügen ins Seelenreich Orientierung verschafft. Christliche Objekte sind rar. Weil seine Kunst, sagt Vicente, „nichts mit Jesus oder der Kirche zu tun hat". Die Heiler-Tradition Perus reicht weiter in die Geschichte zurück als die christliche Missionierung, und als Quelle aller Kraft gelten die heiligen Seen des Andenhochlands, zu denen bis heute keine Straßen führen. An einem dieser Seen hat Vicente seine Initiation erhalten. Die Wasser-Kraft spüre er stets als kühlen Hauch aus der Höhe, als luftigen Schutz gegen das Böse.

Stößt er trotzdem zuweilen an die Grenzen seiner Möglichkeiten? Ja, sagt er, wenn die Gegenmächte zu stark seien. Nach einer Nacht des Heilens fühle er sich zermürbter als nach sieben durchzechten. Und sind die Feinde mächtig, könne es ihn auch krank machen für Wochen.

Es ist fünf Uhr früh, und der letzte Patient ist gegangen. Am Himmel spannt sich ein Faden Licht. Was wir

Auf der *mesa* versammelt der Heiler Vicente Nolasco
jene magischen Objekte, die ihm bei Behandlungen helfen sollen:
vom Kräuterschnaps bis zu menschlichen Schädeln

Reisfelder südlich von Chiclayo: Im schmalen, aber flachen Küstenstreifen gedeiht ein Großteil der peruanischen Agrarprodukte

von all dem Zauber glauben können? „Gibt es eine unwichtigere Frage?", antwortet Vicente und richtet seine Silberringe aus, die auf allen Fingern stecken. Der 57-Jährige ist ein eitler Hexer, er liebt den großen Auftritt: die silbernen Ketten um den Hals, den Cowboy-Hut, sein Menjoubärtchen. Das nährt unsere Zweifel: Alles nur Mummenschanz? Er belächelt den Verdacht: Kämen dann Hunderte Menschen jeden Monat?

Und was tue er, fragen wir ihn herausfordernd, bei körperlichen Gebrechen, die keinem Zauber unterliegen, Entzündungen etwa, oder Knochenbrüchen, Krebs. „Dafür habe ich eine besondere Technik", sagt er mit beschwörender Stimme, als verriete er uns sein letztes Geheimnis: „Diese Patienten schicke ich zum Arzt."

*

Am 3. Juni 2000 fährt ein Lastwagen der Spedition Ransa von Cajamarca die steile Bergstraße hinab Richtung Lima. Er kommt von der Goldmine Yanacocha; sie ist die größte des Kontinents und gehört zum Teil der Weltbank. Der Lastwagen hat Quecksilber geladen, das als Nebenprodukt bei der Goldproduktion anfällt. Eine der Quecksilber-Flaschen ist leck. In den Orten Choropampa und San Juan im Tal von Jequetepeque laufen insgesamt 151 Kilogramm des flüssigen Metalls auf die Straße.

Die Dorfbewohner halten die seltsame Masse für Gold. Doch wie sammelt man den Schatz auf? Die Menschen sind bettelarm und die meisten können weder lesen noch schreiben, aber sie sind erfindungsreich. Die Kinder kommen als Erste auf die Idee. Sie knien auf dem heißen Asphalt und beginnen, das Quecksilber mit Strohhalmen in ihren Mund zu saugen und dann in Eimer zu spucken. Manche verschlucken sich, was niemanden kümmert: Gold gilt als gutes Heilmittel gegen allerlei Erkrankungen.

In der Annahme, man müsse das Edelmetall aus seiner silbrigen Hülle befreien, erhitzen manche das Quecksilber daheim über ihren Feuerstellen. Schon am nächsten Tag brechen einige Dorfbewohner zusammen, eine Frau fällt ins Koma. Aber die Menschen sammeln das Quecksilber weiterhin ein, in der Hoffnung auf schnellen Reichtum. Die Minenbetreiber schweigen. Als kaum noch etwas davon auf der Straße liegt, klären sie die Einwohner auf, wie giftig das Schwermetall ist. Dann bieten sie allen Vergifteten zwischen 100 und 200 Sol Belohnung an, 28 bis 56 Dollar, wenn sie das Quecksilber zurückgeben.

Wir befragen ein halbes Dutzend Bauern und lesen die Geschichte in lokalen Zeitungen nach, bevor wir sie glauben. Inzwischen ist die Mine zu Strafgeld und Entschädigung in Höhe von einer Million Dollar verurteilt worden. Noch immer klagen vor allem die Kinder über zermürbende Kopfschmerzen, Erbrechen, Gewichtsverlust.

Der Fall hat nie überregionale Schlagzeilen gemacht. Er ist nur eine beiläufige Geschichte von Armut und Unwissenheit, von Arroganz und Macht.

*

WER HISTORISCH KÜHN IST, könnte sagen, das war nicht die erste Katastrophe im Tal von Jequetepeque. Hier ist der wahrscheinlich folgenreichste Treck der südamerikanischen Geschichte durchgezogen, 168 Mann, 67 Pferde, beladen mit 15 Armbrüsten und drei Arkebusen: Francisco Pizarro, Abenteurer Ihrer spanischen Majestät, und seine Schar bärtiger *desperados*.

Wir folgen der Straße vorbei an den Quecksilber-Dörfern; hier könnte auch der Weg der Invasoren verlaufen sein, die nicht ahnten, was sich hinter dem Landstrich verbarg, den sie zu erobern trachteten: ein Großreich ohne Vergleich, das sich über mehr als 4000 Kilometer vom heutigen Kolumbien bis nach Chile erstreckte.

Vom Westen her müssen die Invasoren am 15. November 1532 nach Cajamarca einmarschiert sein, von dort etwa, wo heute der unförmige Busbahnhof liegt. Am jenseitigen Ende campierte Atahualpa, der Inka-König, mit sicherlich 40 000, mögli-

Im Häusermeer von Cajamarca ist jene Steinkammer versteckt, in der die Spanier den Inka-König Atahualpa festsetzten, bevor sie ihn hinrichteten

In Dörfern wie Celendine pflegen Frauen die angestammte Lebensweise; die Männer verdingen sich meist als Arbeiter in den Städten

cherweise 80000 Kämpfern. Bereits am nächsten Abend hatten die Spanier 7000 Indianer-Soldaten niedergestreckt und Atahualpa gefangen genommen. Den schnellen, verblüffenden Sieg hatten sie vor allem ihren Pferden und Waffen zu verdanken.

Acht Monate später ließ Pizarro den Herrscher aller Inka hinrichten. Neben einem Fotogeschäft steht heute das einzige aus vorspanischer Zeit verbliebene Haus. Man hat es gegen jede historische Wahrscheinlichkeit zu Atahualpas Gefängnis erklärt – ein schmuckloser Sandstein-Käfig, Eintritt umgerechnet zwei Dollar, eine Pilgerstätte für Nostalgiker.

Wann vergeht Geschichte? Wann hört sie auf, die Gegenwart zu beherrschen? Wer verantwortet das Heute? Fragen, die sich auf diesem Kontinent immer wieder stellen. Die koloniale Unterdrückung gilt nach wie vor als entscheidende Ursache aller heutigen Übel. Auf den Schulen wird unverändert die *leyenda negra* gelehrt, die Schwarze Legende: Das Inka-Reich sei eine Art friedliches Utopia gewesen, die goldene Zeit Südamerikas, erst die spanischen Eroberer hätten dem Kontinent Gewalt und Unterdrückung gebracht, mit schlimmen Folgen bis zum heutigen Tag.

Die ganze Wahrheit aber sieht man in Chachapoyas, bei den Wolkenmenschen, nach denen die Region benannt wurde. Sie waren die Opfer einer doppelten Katastrophe.

Auf dem Weg nach Chachapoyas verlassen wir Cajamarca noch bei Dunkelheit, kurz nach Sonnenaufgang erreichen wir eine Klippe über einem gewaltigen Tal. Der Fahrer gibt Gas, mehrere Stunden mäandern wir abwärts, 2000 Meter tief in die Schlucht des Marañón. Danach geht es wieder mehr als zwei Höhenkilometer hinauf. Der Schotterweg gleicht der Krakelschrift eines Irren: wilde Schnörkel, dramatische Bögen, graviert in den steilen, schwarz-verwitterten Riegel der östlichen Kordillere – für 130 Kilometer Luftlinie benötigen wir 17 Stunden Fahrt.

Wir halten in Leymebamba. Im Museum der kleinen Stadt liegen, ordentlich in Pappkisten gestapelt, 219 Mumien. Sie wurden in einer dramatischen Aktion vor Grabräubern gerettet, aus ihrer Ruhestätte hoch über dem Kondor-See. Es sind die wichtigsten Zeugen der Chachapoya-Kultur. Die Mumien wurden in Hockstellung beerdigt, geschützt nur von Baumwolltüchern mit aufgestickten Gesichtszügen – Kunstwerke fürs Jenseits. Vor rund 700 Jahren mögen sie auf dem Felsbalkon über dem See bestattet worden sein.

Wer waren die Chachapoyas, wie haben sie gelebt? Man weiß nicht viel über die Wolkenmenschen, die Vor-Inka-Zeit Südamerikas ist nur wenig erforscht. Woher die Chachapoya vor rund 1200 Jahren hierher kamen, ist unbekannt, ihre Sprache ist längst ausgestorben.

Zu den seltenen Spuren der vorinkaischen Chachapoyas-Kultur gehören rund 200 Mumien, die oberhalb des Kondor-Sees entdeckt wurden, sowie die gewaltige Festung der »Wolkenmenschen« namens Kuelap

Vom Amazonas dampfen Wolken hoch, nähren hier ein grünes, üppiges Land – *la ceja de la selva* genannt, die Augenbraue des Waldes. Vor über 500 Jahren lebten in der Region mehr als 500 000 Chachapoya in kleinen kriegerischen Bauerngemeinschaften. Sie verehrten Schlange, Puma und Jaguar; sie errichteten auf einem schwindelnd steilen Berggrat die gigantische, 600 Meter lange Festung Kuelap. Bis heute ist sie ein Rätsel. Weshalb hat ein Bauernvolk diese Meisterleistung erbracht? Und warum hat Kuelap ihnen im Kampf gegen die Inka so wenig genutzt?

Im Jahre 1470 unterwarfen die Inka die Wolkenmenschen. In nur sechs Jahrzehnten töteten oder verschleppten sie die Hälfte der Chachapoya, ganze Dörfer löschten sie aus. Bei manchen Massakern starben viele Tausend Menschen.

1535 rückten die Spanier an, die Wolkenmenschen begrüßten sie wie Befreier. Vorschnell. In den folgenden 200 Jahren schrumpfte die Bevölkerung durch Knechtschaft und Krankheit auf weniger als 10 000 Köpfe. Innerhalb von zwei Jahrhunderten waren knapp 99 Prozent der Chachapoya verschwunden. Spanier *und* Inka also: die doppelte Katastrophe. Jetzt, 500 Jahre später, leben hier wieder 400 000 Menschen – fast ausschließlich Mestizen.

Doch die Erschütterung gehe viel tiefer, als die Zahlen verraten, meint Peter Lerche. Der deutsche Anthropologe wohnt und arbeitet seit 15 Jahren in der Region, hat einen Teil der Mumien gerettet, aber auch die Gegenwart erforscht – und ein hilfloses Volk vorgefunden. Früher betrieben die Wolkenmenschen eine bodenbildende Landwirtschaft, heute dagegen Monokultur und Raubbau, weil die alten Techniken längst vergessen sind. „Wenn in einer mündlichen Kultur die Überlieferung abbricht, ist alles Wissen verloren."

Zudem verschieben sich derzeit, wohl aufgrund der globalen Erwärmung, die ökologischen Zonen der Anden. In den Tälern bricht Dengue-Fieber aus, das hier früher unbekannt war, Schädlinge fressen sich die Berge hinauf, und in den Höhenlagen verlieren viele Bauern ihre überlebenswichtigen „Eisschränke", ganzjährig kühle Vorratsplätze. In einer brüchigen Gesellschaft wie jener der Chachapoya wirkt sich das noch dramatischer aus als in einer gefestigten; die Konflikte nehmen zu.

In La Jalca lässt man heute nur Stellvertreter kämpfen: Hähne. Die Männer lümmeln

»Endlose Einöde, ein winziges Restaurant und eine riesige Reklame. Die Macht des Marktes ist überall zu spüren.«

Der Weg zum Amazonas führt über eine schnurgerade Asphaltpiste, gut ausgebaut, denn auch Peru will den Regenwald erobern. Überall nagen sich von der Straße aus die Siedlungen in den Wald

Ein störrisches Unterfangen: in Yurimaguas wird die »Henry« beladen

sich auf der *plaza*, streicheln ihre Tiere, suchen Gegner. In Seelenruhe. Ein Kampf pro Stunde, mehr ist nicht drin, weil jeder sein Wettgeld sparsam einsetzen muss, viel ist es ja nicht. Die Hähne sind ziemlich lustlos, bei jedem Kampf müssen sie immer wieder angestachelt werden, damit sie ihren Gegnern die an ihre Krallen gebundenen Dornen in den Leib schlagen.

Peter Lerche hat in La Jalca, einem der wenigen noch traditionellen Dörfer, geforscht, und es hat ihn Jahre gekostet, Zugang zu finden zu den verschlossenen Gemeinschaften. Hinter dieser Abwehr stecke auch viel Unsicherheit. „Das Selbstwertgefühl ist gering“, sagt Lerche, die meisten Menschen wüssten nicht, wie sie sich Fremden gegenüber benehmen sollten. „Wenn die Kultur zerstört ist, gibt es keine Identität.“

Aber immerhin wird den Chachapoya mittlerweile die Ehre zuteil, registriert zu werden. Volkszählung. Auf großen Tafeln tragen sie sich ein, fast alle mit einem von vier Namen: Guiop, Culqui, Huamán, Puscán. Vor 60 Jahren wurden andine Bauern in Peru noch nicht als Bürger mitgezählt.

Eine Familie bittet mich in ihren Hinterhof. Hühner huschen vorbei, aus einem Lehmofen schlägt schwarzer Rauch und weht über die Wäsche, die auf der Leine flattert. Aus der Hütte drängen die Mitglieder der Sippe. Sie besitzen kein einziges Foto von sich. Ob ich eines machen und ihnen schicken könnte? Nach einigen Aufnahmen fragen sie, wie viel sie mir schulden. Nichts. Sie glauben es nicht. Wirklich nichts? Nein. Sie greifen meine Hand. Ein *gringo* schenkt ihnen etwas, sie können es nicht fassen.

*

IN WECHSELNDEN TAXI-WRACKS fahren wir hinab, Richtung Amazonas. Hinter einer Wegbiegung plötzlich ein unglaubliches Panorama: der Wald! Ein grünes Vlies bis zum Horizont, ein schwitzendes, raunendes Wesen. Über 3000 Kilometer erstreckt sich der Amazonas-Urwald von hier bis zur Atlantikküste. Die Luft ändert ihre Konsistenz, fühlt sich an wie heißes Gel, das bei jeder Bewegung am Körper klebt. Die schäbigen Dörfer nennen sich Florida, Nueva Jerusalén, Buenos Aires – schöne Namen gegen die elende Wirklichkeit.

Im lösshaltigen Wasser von Yurimaguas dümpeln die Dampfer nach Iquitos. Die nächste Fahrt geht mit der „Henry“, einem mürben Blechkahn, der den rostigen Bug kaum über Wasser hält: Wann? Der Kapitän weist auf

»Notizen nachtragen auf dem Oberdeck. Neben mir 5000 kackende Hühner mit entsprechendem Gestank.«

eine Schiefertafel: *Sale hoy, sin falta*. Abfahrt heute, garantiert. Am nächsten Tag erfahren wir, dass der Text nie geändert wird.

Da haben wir bereits eine schlaflose Nacht auf der „Henry" verbracht. Erst am nächsten Abend donnert plötzlich und ohne Ankündigung der Motor los, wir legen ab. Halbleer, wie man uns versichert, auch wenn es nicht so wirkt: Die Hängematten – Betten gibt es nicht an Bord – schaukeln dicht an dicht, auch auf den Stahlplanken liegen Passagiere und Gepäckberge. Auf dem Dach fahren in Käfigen 5000 Hühner mit, Matrosen spülen den stinkenden Unrat fort, er rinnt durch die Fenster in unseren Schlafsaal. „Bravo", ruft ein Passagier, „die Kotwolke schützt uns vor Moskitos."

Río Huallaga, Río Marañón, Río Amazonas. Die Flüsse werden breiter, sonst ändert sich nichts. Zimtbraunes, flaches Wasser, knirschend schiebt sich die „Henry" über Sandbänke. An den Rändern der Flüsse sehen wir kaum Leben. Mal ein zusammengeknotetes Floß, auf dem eine Familie dahintreibt, mal ein Siedlerdorf voll Kindern mit aufgeschwemmten Bäuchen. Sonst: Himmel, Wasser, Grünstreifen. „Ist wie eine Autobahn", murmelt der Kapitän

Wasser, Himmel, Urwald – an Bord der »Henry« ist die Welt auf wenige Elemente reduziert

tzen Hängematten die Betten. Das sorgt für Kühlung und spart Platz: Bei Bedarf lassen sich die *hamacas* übereinander hängen

durch seine Goldzähne. Der Regenwald steht da als monotone Blätterwand, nach zwei Tagen wirkt er nicht aufregender als eine Thuja-Hecke. Wasserstraßenbegleitgrün.

Unter Deck aber steigt die Stimmung mit jedem Kilometer. Ferienlaune. In zwei Tagen ist Weihnachten. Ein Passagier pustet per Radiorekorder in endlosen Wiederholungen den Rock-Klassiker „Stairway to Heaven" durch den Raum. Kinder tanzen in der Enge oder spielen mit dem einzigen Spielzeug an Bord – grünschillernden Käfern, die sie aus den Bananenstauden im Frachtraum klauben. Frauen singen leise Kirchenlieder, der Weinhändler schenkt bonbonsüßen Tropenwein aus. Eine wunderliche Arche, irgendwo zwischen Party- und Flüchtlingsschiff.

Wir dösen in unseren Matten, kauen Kekse und vergessen die Zeit.

*

Im dritten Morgengrauen: Iquitos. Der Ort hat fast 400 000 Einwohner, die größte Stadt der Welt ohne Straßenanschluss. Nur Flugzeuge und Boote steuern Iquitos in seiner magischen Einsamkeit mitten im Regenwald an. Am Amazonasufer liegt ein Schiffsgerippe. Werner Herzog hat das Wrack für seinen Film über den Kautschukbaron „Fitzcarraldo" verwendet, den er hier gedreht hat, um der Wirklichkeit nahe zu sein, dem Wahnsinn: Der Kautschuk-Boom hat die Stadt vor 100 Jahren aus dem Nichts zur Metropole katapultiert, mit generösen Villen, eigener Straßenbahn und eigener Währung – und hat sie wieder in Vergessenheit stürzen lassen, als er drei Jahrzehnte später kollabierte. Ein südamerikanisches Schicksal. Seither dämmert Iquitos ohne alle Ambitionen vor sich hin.

Aber nicht mehr lange. *„I love this place"*, röhrt Gerald, „Iquitos ist das bestgehütete Geheimnis der Welt." Das soll sich ändern. Deshalb ist er hier, Gerald Mayeaux, Ex-Baseballprofi, Erdölingenieur, Texaner, Rotarier, einziger Ausländer unter 34 000 Provinzbeamten, Berserker mit Bluthochdruckgesicht – und mit einer Mission: der Welt Iquitos nahe zu bringen und Iquitos den Touristen.

Iquitos, Urwald-Metropole ohne Straßenanschluss

Heiligabend feiern einige Bewohner Iquitos als »Wilde«

Seit zwei Jahren ist er Chef des städtischen Tourismusbüros. Erste Aktion: Er ließ die dickste *juane* aller Zeiten fertigen, einen drei Meter hohen Reisfladen in Bananenblättern, dazu die weltweit größte Wanne *masato*, 16 000 Liter Schnaps aus Maniokwurzeln. „Rekorde machen bekannt", brüllt er und zeigt den Brief an die Redaktion der Guinness-Bücher.

Zur Karnevalsparade hat er erstmals echte Indianer aus dem nahen Wald geladen; war natürlich ein Schock für die Städter, die *indígenas* nur aus dem Fernseher kannten. Aber es hat sie inspiriert, wie sich jetzt beim Weihnachtsumzug zeigt.

Einige Bürger haben sich Schuhcreme ins Gesicht geschmiert und tanzen „Stille Nacht" im Samba-Rhythmus. Es sind nicht viele, die Heiligabend bei über 40 Grad aufmarschieren; auch um das schreiende Baby, das sie als Jesuskind splitternackt auf ein

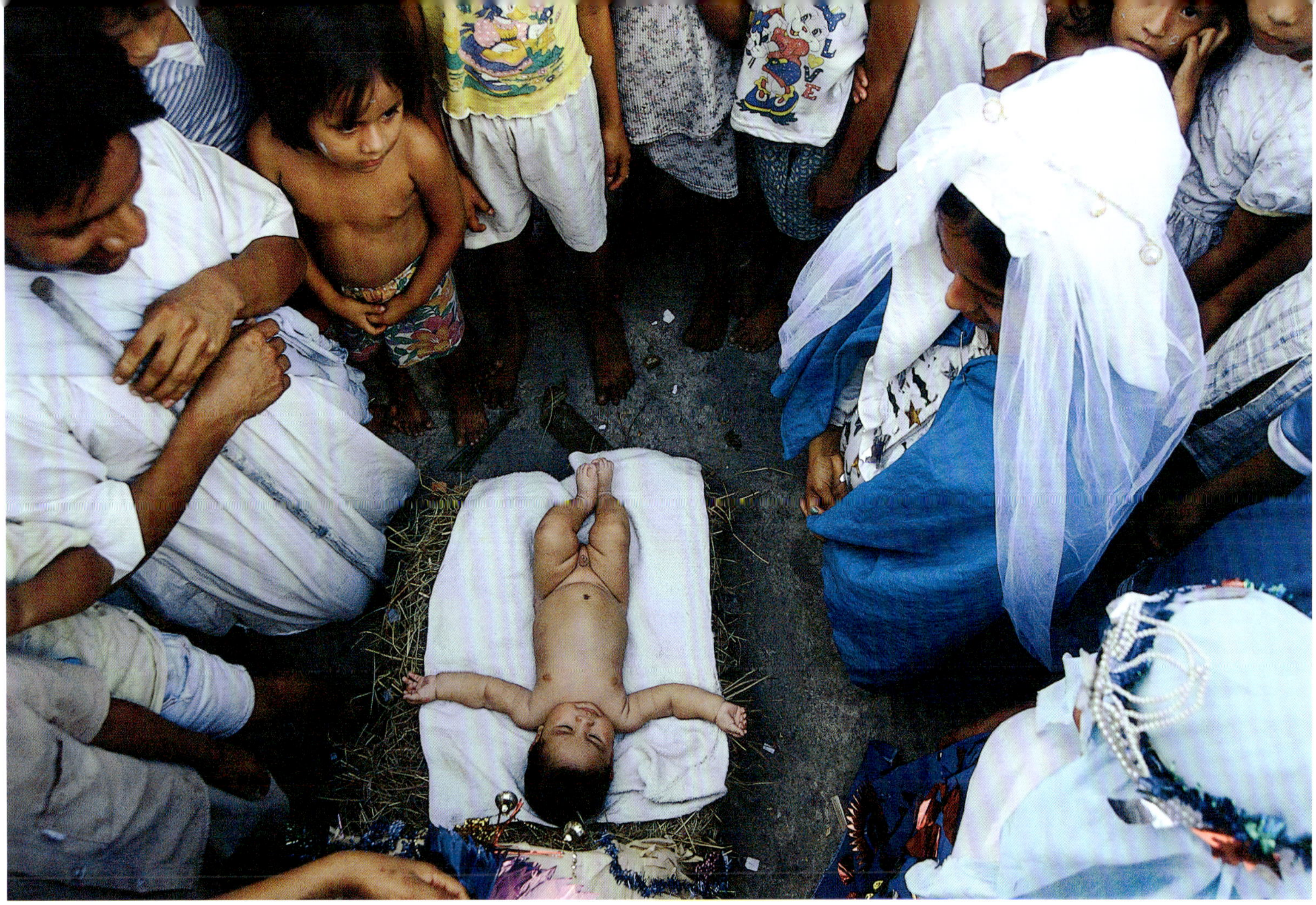

Das Jesukind darf nicht fehlen an Weihnachten; später tanzen die Menschen »Stille Nacht, heilige Nacht« im Samba-Rhythmus

Kissen gebettet haben, drängen sich hauptsächlich die besorgten Eltern und Verwandte. Aber trotzdem: *„that's all very special."*

Mehr geschieht zu Weihnachten allerdings nicht. Die Geschäftsleute schenken ihren Angestellten Nützliches, Tütensuppen, Waschmittel, Plastikeimer. Um Mitternacht sind die Straßen gefüllt mit Flaneuren, einige lassen Raketen in die schwüle Nacht steigen. In der „Bar Fitzcarraldo" geben die Kellnerinnen allen Gästen ein Küsschen, aber ansonsten sind diese Weihnachten so schemenhaft wie die Tropen. Da muss Gerald noch viel bewegen, bis er hier ein bisschen Feststimmung zustande bringt.

Er arbeitet daran. *„I do so much"*, ruft er, aber er hat ja auch eine Vision. Nicht von den Dimensionen jener Kautschukbarone, die ein Paris im Urwald planten, aber nicht weniger radikal: „Mein Traum? Dass Iquitos *so active* wird wie eine Kleinstadt in Kansas."

„Kansas? Nie gehört", sagt Raúl Arevalo. Er lebt am Rande von Iquitos in Belén (Bethlehem), das zugleich Venecia heißt: das „Venedig des Urwalds" – so genannt, weil der Slum auf Stelzen steht. Darunter modert der Müll und wartet auf das alljährliche Amazonashochwasser.

Darf ich einen Slum schön nennen, trotz des Drecks und der Armut? Darf man sich darin wohl fühlen?

Ich spaziere jedenfalls immer wieder hinein in den Stelzenwald, wo Jugendliche im Matsch Fußball spielen und die Friseure in ihren Büdchen die Kunden nicht vor Spiegel setzen, sondern vor etwas ungleich Selteneres: Fernsehgeräte, darunter sogar manche mit Farbe. Häufig werde ich eingeladen auf einen *trago*, ein Schlückchen, Ananas- oder Mangobranntwein aus milchigen Plastikflaschen; ich schaue den Frauen zu, die beim Bingo kleine Sandpyramiden auf die Zahlenfelder häufeln und dabei gebratene Maden naschen – dies ist der freundlichste aller Slums, die ich kenne, Aggressionen gegen Fremde fehlen völlig.

Was damit zu tun haben mag, dass niemand der 30 000 Bewohner hungert oder um sein Leben bangt. Denn der Fluss und der nahe Urwald schenken auch denen Nahrung, die kein Geld haben, erklärt Raúl Arevalo.

Er ist der Radiomann von Belén. Von fünf bis zwölf Uhr sitzt er vor einem Mikrofon, einem Röhrenverstärker und einem verschrammten Kassettengerät. Raúl ist *La Voz de la Selva*, die Stimme des Waldes. Sie scheppert über vier trichterförmige Lautsprecher à 60 Watt, die Raúl auf Lanzen in den Himmel gesteckt hat.

„Hallo Leute, es ist genau 8 Uhr 13 und wieder ein wunderschöner Tag in Belén, an dem euch euer freundlicher Einzelhändler Flores Plastikplanen zum Spottpreis bietet, ihr habt richtig gehört, Plastikplanen, nur bei Flores. Außerdem: Elena Sánchez in der Itaya-Gasse feiert ihren 43. Geburtstag, herzlichen Glückwunsch von Ehemann und Kindern – und von mir: ein Ortsgespräch gratis auf meinem Telefon!“ Und Musik. Die Jingles seines Radios erzeugt Raúl, indem er auf eine Haustürklingel drückt.

Die hier wie überall fanatisch verfolgten Fußballspiele überträgt der Programm-Macher, indem er das Mikrofon vors TV-Gerät stellt; und wenn er pinkeln geht, schaltet er auf Radio Libertad um, die Station bezahlt ihn sogar dafür.

Er und seine Ein-Mann-Radiostation leben von Werbung. 30 Sekunden kosten zwei Sol, einen halben Dollar. Politiker zahlen das Doppelte, „die haben's ja“. Und bezahlen doch nicht. Jorge Samuel Chávez, Kongressabgeordneter, den Namen solle ich ruhig nennen, sei mit 4000 Sol im Rückstand. Seither gilt: Polit-Spots nur gegen Vorkasse.

Warum er vor 20 Jahren in den Slum gegangen ist? „Hier war Schweigen.“ Und er war Idealist. Jetzt ist er Geschäftsmann. Und faul, sagt der 52-Jährige. Nachmittags wiederholt er das aufgezeichnete Programm vom Vormittag, damit er mit Freunden trinken gehen kann. „Hat sich noch keiner beschwert“, sagt Raúl mit breitem Grinsen, „und Konkurrenz habe ich ja nicht.“

Aber er hat einen Plan: Er will die Terrasse vor seinem Studio im zweiten Stock ausbauen für Touristen. Ein paar Stühle aufstellen, selbst gebrannten Schnaps ausschenken und

Filmkulisse: ein Schiffswrack aus »Fitzcarraldo«

Im Elendsviertel namens Venecia – Venedig

»Verstärker, Mikro, Kassettenrecorder – mehr braucht Raúl, der Radiomann im Slum, nicht für sein Programm.«

Fußball wird in ganz Südamerika stets und überall gespielt, auch im Elendsviertel bei strömendem Regen

Besuchern das Leben in Belén erklären.

Sightseeing im Slum? „Aber klar, wo es doch hier so wunderbar ist.“ Raúl hebt die Hand mit zarter Geste. Der Abendhimmel ist ein rosafarbener Hauch, und in den Bretterbars tanzen Paare unter kahlen Glühbirnen. Man müsste Gerald Mayeaux von der Idee erzählen.

*

Der Bruch läuft mitten durch sein Gesicht. Auf der linken Seite, sagt José, sei „Zivilisation“. Auf der rechten: eine eckige Tattoo-Girlande vom Mundwinkel bis zum Ohr. Wildnis. Vergangenheit. Aber die werde er sich bald wegmachen lassen. Selbst wenn es ein Vermögen koste, 120 Dollar, sagt er und stemmt die Hände in die Bundfaltenhose.

Es ist ein weiter Weg bis Remoyacu. Von Iquitos 31 Tagesreisen zu Fuß, sieben per Boot oder eine Stunde im Wasserflugzeug. Wir fliegen mit einer Maschine der peruanischen Armee, was für uns den Vorteil hat, nicht als Drogenschmuggler verdächtigt zu werden. Unter uns Schäfchenwolken und der endlose, gleichförmige, verwundete Regenwald: Von den Flussarmen schneiden dunkle Narben ins Grün, Kahlschlag-Schneisen.

Je weiter südlich wir kommen, desto unversehrter ist der Wald. Desto magischer auch das Licht. Wir durchqueren eine Sturmfront, plötzlich schweben wir in flüssigem Gold, ein Gleißen wie aus einem Science-Fiction-Film. Dann umschließt uns ein kreisrunder Regenbogen – 360 Grad, ein überaus seltenes Phänomen. Wir recken unsere Hälse, Himmelszauber.

Wir landen bei Colonia Angamos, von dort sind es vier Stunden im Motorboot den Río Gálvez hinauf. Im Wald nahe der peruanisch-brasilianischen Grenze leben rund 2500 Matsé-Indianer. Die einzige Informationsquelle über sie in der Stadtbibliothek von Iquitos war ein Buch, das sie als „eigensinnigstes und widerständigstes Amazonas-Volk" beschreibt. Ein Informant hatte geraunt: Sie haben Angst vor Ärzten; sie fürchten, Impfen verwandele ihre Hirne in Öl, das die Weißen dann ernten würden – samt der Köpfe.

Als wir im letzten Licht in einer Flusskehre anlegen, stehen die Bewohner des Dorfes Remoyacu am Ufer. Einige winken scheu. Sie tragen Shorts und T-Shirts aus Kleiderspenden: 1. FC Kaiserslautern, Wurst-Meier Reutlingen. Ohne Regung nehmen sie die Geschenke entgegen, die unser Führer Carlos ihnen zu Füßen legt: je einen Sack Reis und Zucker, Kekse, Speiseöl, Taschenlampen mit Batterien, ein Fischnetz.

José, der junge *jefe*, der Dorfvorsteher mit dem geteilten Gesicht, lädt uns ein in seine Hütte. Zum Abendessen reicht er gebratene *paca*, eine Art dackelgroße Waldratte, und *chicha*, Bier aus vergorenem Mais. Über der Feuerstelle hängt ein Affenschädel, räuchert Tapirfleisch. An der Hauswand aus Bambus klebt ein ver-

Nur in Äquatornähe, vom Flugzeug aus und bei Sonnenuntergang lässt sich bisweilen ein kreisrunder Regenbogen beobachten

knicktes Foto von Josés Frau Fanita und deren Mutter. Fanita mit Dauerwelle und Rüschenbluse, ihre Mutter mit Tätowierungen, bloßen Brüsten und bunten Armreifen. „Meine Mamá", sagt Fanita trocken, „die Primitive."

Miteinander reden die Matsé in einer weichen Sprache, die uns José wortweise lehrt: *butshí*, Bruder; *butshido*, Großvater. *aaté*, Fluss; *buirambo*, danke. Durch die Fensteröffnungen fliegen Moskitos und die Blicke der Matsé; viele der 120 Dorfbewohner schauen uns schweigend beim Essen zu. Dann kehren sie heim und legen sich in ihre Hängematten. Es ist acht Uhr, mit dem Tag gehen die Menschen schlafen.

Eine mondlose Nacht, schwarz wie ein Sarg. In den Bäumen blinken Glühwürmchen. Der Urwald plaudert seine Geheimnisse aus in tausend Sprachen, die ich nicht verstehe und die ich mir in meine eigene Vorstellungswelt übersetze: die dunkle Mahnung einer Eule, der lustvolle Schrei eines Affen, das rachsüchtige Knarzen zweier Frösche. Das beruhigt. Als wäre die dunkle Masse ein Raum voller vertrauter Regungen und nicht ein Geschlinge, in dem ich keinen Tag überleben würde.

Am nächsten Tag regnet es ohne Unterlass. Das Dorf liegt unter einem Nässeschleier, Rauch quillt durch die Blätterdächer. Warten. Stundenlanges Warten auf das Ende des Regens. In der Nachbarhütte fertigt eine alte Frau Fischköder: Sie zieht fingerlangen, grün-braunen Raupen die Haut ab, stülpt das schleimige Innere heraus und füllt die Hauthülle mit giftigem Blättersud. Bei Regen jagen und fischen die Matsé nicht, auch ziehen sie nicht auf die nahen Felder, wo Bananen und Maniok wachsen. „Regen ist wie ein Weib, geht einem genauso auf die Nerven", sagt José und knüpft sein blaues Hemd zu.

Zeit zu reden. Über seinen verstorbenen Vater, einen großen, nackten Häuptling mit hochgebundenem Penis und dünnen Stäben in der Nase, die ihm das Aussehen einer Wildkatze gaben. Er besaß sechs Frauen, auch weiße, die er geraubt hatte, so wie es üblich war, und mit denen er 30 Kinder gezeugt hat. Und jagen konnte er, *fantástico*, der Sohn erzählt voller Bewunderung. Um Nester zu plündern, sei der Vater in die höchsten Baumkronen geklettert, behände wie ein Affe. Und noch sein Tod war Beleg seiner Macht: Feinde hätten ihn heimtückisch vergiftet, weil sie ihn im Kampf nicht bezwingen konnten. „Mein Vater war ein guter Mann", sagt José. Und fügt dann rasch hinzu: „Und natürlich böse und schlecht. Kein Christ wie ich."

Die späten sechziger Jahre brachten auch für die Matsé eine Revolution. Zu jener Zeit kamen die ersten protestantischen Missionare aus den USA. Sie hatten es schwer. Die damals noch halbnomadisch lebenden Matsé besaßen keine formale Religion, kaum Rituale und nur wenige Mythen – nichts, woran die Missionare hätten anknüpfen können. Heute, sagt José, sei etwa ein Drittel des Dorfes bibeltreu. Und der Rest? „Christen ohne Glauben." Und Feste? „Haben wir keine." Außer dem Fußballturnier, zu dem einmal im Jahr alle Familien zusammentreffen.

Früher war das größte Ereignis im Dorf die alljährliche Initiation. Dabei wurden die Jugendlichen mit einer rußigen Pfeilspitze und dem Saft der Chuito-Frucht tätowiert – als Symbol, dass sie fortan zur Erwachsenenwelt gehören. Zum letzten Mal muss das vor 20 Jahren geschehen sein – keiner der Matsé unter 30 trägt noch jene typische Ornamentreihe, die den Gesichtern ein ewiges Lächeln verleiht.

Vor zwölf Jahren sind die Dorfbewohner aus dem Urwaldinneren an den Fluss gezogen. Sie haben ihre alten Hütten in der Tiefe des Waldes niedergebrannt, die Felder verwüstet,

»Die Großeltern waren Jäger und Sammler, die Enkel spielen Volleyball. Auch im Wald überschlägt sich die Entwicklung.«

Früher sagte der Gesichtsschmuck der Matsé etwas aus über Rang und Ansehen der Trägerin, heute ist er bloße Kosmetik

ihre Habe in Beutel aus Lianen geschnürt und hier am Río Gálvez neu angefangen. Über die Gründe des Umzugs gibt es unterschiedliche Versionen: Weil eines Morgens ein Mann mit Tigerschwanz im Wald stand; weil ein elefantengroßer Jaguar einen kleinen Jungen getötet hat; weil sie näher der Siedlung Colonia Angamos leben wollten; weil Holzfäller sie vertrieben haben.

Alles hier hat diese beiden Seiten. Eine wilde, eine moderne. Und oft verwirren sie sich.

Welche Kultur, frage ich José, ist besser: die der Matsé oder die der Weißen?

Die der Matsé.

Und wie wollt ihr leben?

Wie die Weißen.

Und was wollt ihr bewahren?

Unsere Sprache. Pfeil und Bogen. Und die Froschzeremonie. Der Rest ist unbrauchbar.

Nutzlos in einem Wald, in dem die Bäume nur Kulisse sind für einen grundstürzenden Wandel. In dem sich die Moderne wie eine Hülle noch über das letzte Dorf stülpt.

José führt uns zur *abitedi nashunanuna*, zur Schule, dem einzigen Steinbau des Dorfes. Ein paar Bänke, eine verkratzte Tafel. Es sind Sommerferien, deswegen stehen die beiden Räume leer. Erst seit acht Jahren erhalten die Kinder Unterricht, zweisprachig, vorher war hier kaum jemand des Spanischen mächtig. Und schon, erklärt der Jefe stolz, studieren etliche Dorfkinder, vier sogar in der Hauptstadt Lima: Informatik. „Stell dir vor, die hätten noch Tattoos, die würden ja ausgelacht.“ Weitere Studenten werden bald folgen, hofft José. „Wir brauchen keine Jäger. Wir brauchen Ökonomen und Juristen.“

Etwa, um mit den ostasiatischen Holz-Konzernen zu verhandeln, die viel Geld bieten, um das Hinterland der Matsé ausräumen zu dürfen. Bislang hat das Dorf den Offerten widerstanden. Warum? „Weil die Froschzeremonie uns resistent macht“, sagt der Häuptling. „Ganz bestimmt deshalb.“

Bei der Jagd bevorzugen die meisten Matsé inzwischen Gewehre statt Pfeil und Bogen

Nur dank dieser Zeremonie hätten sie bislang den größten Gefahren der neuen Welt getrotzt, dem Alkoholismus, der Tuberkulose, der Prostitution, denen viele Völker des Waldes zum Opfer fallen. Und sie flößen ihren Neugeborenen auch keine Cola ein, wie es andere Volksstämme tun, weil man ihnen die Zuckerbrause als Wundermittel aufschwatzt. Nein, so etwas machen die Matsé nicht. Denn ihre Kraft kommt vom Frosch.

La ceremonia del sapo. Hildebrando, der Kirchenvorsteher des Dorfes, hat in der Nacht den Daokait gefangen, einen Frosch, der nicht flieht bei Gefahr. Dafür muss dieser nun leiden. Hildebrando schneidet vier Stecken zurecht und versenkt sie im Boden. Er greift sich den Frosch und befestigt dünne Lianenfasern an allen vier Gliedmaßen. Dann spannt er das Tier zwischen die Stecken, und da hängt er nun auf Kniehöhe in der Luft, der Frosch, ein bizarrer Urwaldflieger.

In seiner Panik sondert das Tier ein milchigweißes Gift ab, Hildebrando schabt es mit einem Holzstab von der rauen Haut und kneift dem Frosch ins Maul, um noch mehr Sekret zu provozieren. Schließlich bindet er das ermattete Tier los und setzt es zurück in eine Astgabel – es zu töten wäre ein böses Omen.

Das Gift, erklärt Hildebrando, reinige Geist und Körper, aber vor allem schärfe es den Jagdsinn. Nach der Zeremonie würde ein Jäger immer treffen.

Am Morgen darauf ist Elisio dran; vor der Zeremonie hat er reichlich Bananen- und Maniok-Sud getrunken, damit er nicht trocken würgen muss. Hildebrando brennt dem 27-Jährigen mit einer glühenden Pflanzenfiber drei Punkte in den Oberarm, dann schmiert er das getrocknete und mit Speichel wieder verflüssigte Gift in die Wunden. Sekunden später kniet Elisio nieder mit schmerzverzerrtem Gesicht, seine Augen treten hervor, Tränen fließen. Er hält sich den dröhnenden Kopf, würgt, kotzt in langen Strömen die Maniok-Brühe heraus – ein elender Anblick.

Stunden später, nach apathischem Schlaf, bricht Elisio auf zur Jagd, gestärkt vom Gift. Er trägt ein Gewehr ohne Kimme und Korn und grüßt zuversichtlich. Abends kehrt er verschwitzt und zerkratzt zurück. Ohne Beute. Nichts hat er geschossen, ein

»Das Dorf hält ein zahmes Tapir; vielleicht weil es immer schwerer wird, diese überjagte Tierart im Wald zu finden.«

Fiasko. Die anderen Matsé aber lachen nur und sagen: Wie sollte Elisio auch Jagdglück haben. Er studiert Pädagogik an der Universität von Iquitos.

Eine Anthropologin dort hatte gesagt, kulturelle Stärke liege nicht allein in der Bewahrung der Traditionen, sondern auch im Vermögen, sich zu wandeln, auf Veränderungen zu reagieren, ohne unterzugehen. Vielleicht muss man sich die Matsé als starkes Volk vorstellen.

*

ALS WIR IN LETICIA ANKOMMEN, laufen weiß gepuderte Gestalten durch die Straßen. Sie bewerfen einander mit Maismehl und mit Wasser gefüllten Luftballons, ein wildes Vergnügen, dem niemand entgeht, nicht Polizisten, nicht wir. Es ist Silvester, so ist der Brauch. Aber nur in Kolumbien.

Drüben in Peru herrscht Lethargie, in Brasilien tun sie, was sie immer tun: Sie fahren leicht bekleidet auf ihren Mopeds die Hauptstraße auf und ab. Drei Länder, drei Temperamente – hier, am Oberlauf des Amazonas treffen sie aufeinander. Eine Art Friedensoase auf diesem gespaltenen Kontinent, wo etliche Staaten mit ihren Nachbarn in endlose Fehden verhakelt sind.

Zwischen dem kolumbianischen Leticia und dem brasilianischen Tabatinga sind sogar Reisepässe überflüssig, die beiden Städte trennt bloß eine gelbe Linie auf dem Boden. Wir verbringen Neujahr in einem behördlichen Nirwana ohne Stempel oder Visum. Ausweisen muss sich nur, wer die Grenzzone verlässt. Aber wohin verlassen? In die Wirtschaftszentren Brasiliens? Die sind weit. Nach Norden, ins kolumbianische

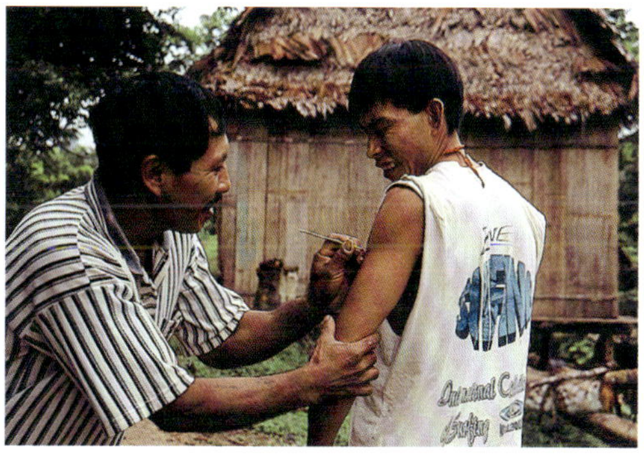

Die Froschzeremonie: Das Gift wird vom Tier abgeschabt und dem jungen Elisio in eine Wunde am Oberarm geschmiert, woraufhin er sich minutenlang erbricht – eine Reinigung, die Jagdglück bringen soll, bei Elisio aber fehlschlägt

Herzland? Dort herrscht Guerillakrieg. Nach Leticia dringt er nur per *televisión*. Betörend schöne Sprecherinnen lesen ihn allabendlich vor: Massaker hier, Autobombe dort, Urwaldkampf da. Und jetzt das Wetter. Die Normalität einer Tragödie.

Niemand hat Lust, darüber zu reden. Vielleicht aus Furcht, den Krieg in diesen vergessenen Winkel zu locken. Vielleicht, weil niemand mehr weiß, worum es bei den Kämpfen eigentlich geht. Ein Geschäftsmann meint: „Das ist ein magischer Krieg. Er ist aus dem Nichts gekommen und wird wieder ins Nichts verschwinden."

Vielleicht schweigen sie aber auch aus Sehnsucht. Weil sich alle erinnern, dass Kriegszeiten nicht die schlechtesten sind, denn im Schatten des Krieges blühen dunkle Geschäfte. Bis vor wenigen Jahren wurden hier tonnenweise Drogen umgeschlagen, und die Leticiños besaßen genug Geld, um den billigen Träumen der *telenovelas* nachzueifern, Zigaretten mit 100-Dollar-Scheinen anzuzünden, Zuckerbäcker-Häuser zu bauen – vorbei. Nun greift die Armee hart durch, die Schmuggler sind in den Wald ausgewichen. Und Leticia dämmert dahin wie eine sitzen gelassene Braut.

Nicht einmal zu Silvester mag sie sich aufraffen. Nachts um halb zwölf zieht ein Gewitter auf, in Windeseile stehen die Straßen knöcheltief unter Wasser. So tritt gegen Mitternacht niemand vor die Tür, keine Feuerwerkskörper erhellen die Nacht, nur stumpfe Blitze. In der „Anaconda"-Bar spielt eine karibische Band Salsa in Zeitlupe, die Tanzenden umranken einander wie Schlingpflanzen und vergessen die Zeit.

Zu Silvester ist in Leticia niemand vor Salven aus Maismehl sicher

Einer der Männer am Tresen murmelt: „Noch ein Jahr. Macht auch keinen Unterschied." Reihum geben wir Runden aus. Und irgendwann, draußen ist bereits das Licht angesprungen mit tropischer Plötzlichkeit, frage ich mich, worin der leichte Zauber dieses trägen Silvester besteht. Vielleicht darin: Es ist, als trügen die Jahre hier tatsächlich keinerlei Gewicht.

*

Manaus liegt 1500 Kilometer weiter östlich an einem Nebenarm des Amazonas, dem Rio Negro, dem schwarzen Fluss, und die Stadt ist das, was Iquitos gerne geworden wäre: eine echte Metropole, eine Industriestadt, eine Art Erfolgsmodell mitten im Dschungel. Mit glasverkleideten Hochhäusern und einem voll klimatisierten, schwungvoll gestalteten Flughafen für Direktflüge in die USA und nach Europa. Eine Weltstadt, deren Bevölkerung auf über 1,5 Millionen angewachsen ist.

Dabei hatte die Stadt kaum 35 gute Jahre. Die ersten zehn vor reichlich einem Jahrhundert, als der Kautschukboom Manaus schuf und die Gummibarone ihre Bettwäsche zur Reinigung nach Lissabon schickten, ihre Geliebten aus Frankreich importierten und 1896 ein Opernhaus an das Amazonasufer pflanzten, das aussieht wie eine Kreuzung aus Hochzeitstorte und Moschee. Noch vor Paris und London wurden die Straßen von Manaus elektrisch beleuchtet. Und die Gummimagnaten ließen ihre nervösen Araberpferde vor jedem Ausritt mit Champagner beruhigen, so jedenfalls erzählen es die unermüdlichen *guias*, die Touristenführer, die vor der Oper auf Kunden lauern.

Dann schmuggelte der als Botaniker getarnte britische Kaufmann Henry Wickham die Samen der Hevea Brasilianis, des Gummibaumes, aus dem Land – angeblich im Bauch eines ausgestopften Krokodils –, bald wuchsen Kautschukpflanzen in Asien. Manaus' Monopol war gebrochen und der Reichtum verflog. Geblieben sind wenige Stuck-Paläste, die in der schwülen Hitze dahinrotten.

Eine zweite Boomphase erlebte die Stadt zwischen 1970 und 1995; in dieser Zeit wurde Manaus zu einer Freihandelszone erhoben: Zollnachlässe und Steuervorteile düngten den kargen Boden des Amazonas, es wuchsen die Wolkenkratzer und High-Tech-Firmen. Im labyrinthischen *distrito industrial* am Stadtrand hat sich einiges aus der ersten Garde der Weltökonomie niedergelassen: Honda, Kodak, Panasonic, bis vor kurzem wurden hier 95 Prozent aller Fernsehgeräte Brasiliens produziert – fast 2000 Kilometer entfernt von Rio de Janeiro und São Paulo, den großen Absatzmärkten an der Küste.

Manaus, das ist eine Neon-Sky-Line im grünen Nichts des Waldes, eine Stadt wie ein schriller Trotzanfall, ein einziger Größenwahn: Was soll der Dschungel mit einer Industriemetropole? Luxusauto und McDonald's-Imbisse, Cartier-Filialen und mit Werbung tätowierte Einkaufszentren – als ließe sich dem Regenwald so ein ganz anderes Leben abtrotzen.

Doch die künstliche Stadtinsel sinkt, langsam, aber stetig. Die fetten Jahre sind vorbei, Manaus verarmt wieder, seit Brasiliens Regierung die Vergünstigungen drosselt. Tausende verlassen alljährlich die Stadt, Fabriken schließen, die Slums blähen sich auf. Ohne künstlichen Humus für die Wirtschaft kann Manaus nicht existieren.

Der Niedergang ist womöglich aber noch schlimmer für den Dschungel als der Boom, meint der Bankier und Künstler Rui Machado. „Schon in Kürze wird vielen hier nichts anderes übrig bleiben, als aus dem Urwald herauszuholen, was herauszuholen ist." Rund 60 Prozent der Einwohner von Manaus seien Nachkommen von Indianern, denen ein besseres Leben versprochen wurde. Nach dem Zusammenbruch der Industrie biete ihnen nur noch der Wald ein Auskommen.

Nur haben die urbanisierten Enkel verlernt, was ihre Großeltern noch wie selbstverständlich beherrschten: den Wald zu nutzen, ohne ihn zu zerstören. Wer vom Fließband zurück geht auf die feuchten, von Blutegeln gesäumten Waldpfade, ruiniert dort erst einmal mehr, als er gewinnen kann, fürchten Experten.

DER TOTE BULLE MUSS STERBEN und leben, immer wieder, ein ewiger Reigen – darauf ein Feuerwerk. Vor der Insel Parintins stauen sich die rostigen Hängematten-Kähne, 450 Kilometer östlich von Manaus. Es ist 35 Grad heiß, niemand trägt viel mehr als Shorts und knappste Bikinis, der Hafen erstickt im Samba-Gedröhn aus maroden Lautsprechern. Die Insel, umflossen vom gleichmütigen Amazonas, droht unter der Menschenlast aus allen Teilen Brasiliens zu versinken.

Sonst leben die 70 000 Menschen hier von Fischfang und Viehzucht: Auf den Weiden steht die größte Kuhherde der Amazonas-Region, aber das vergessen die Menschen jetzt. Gegen-Karneval im Dschungel, Boi-Bumbá genannt; weit weg von Rio und den

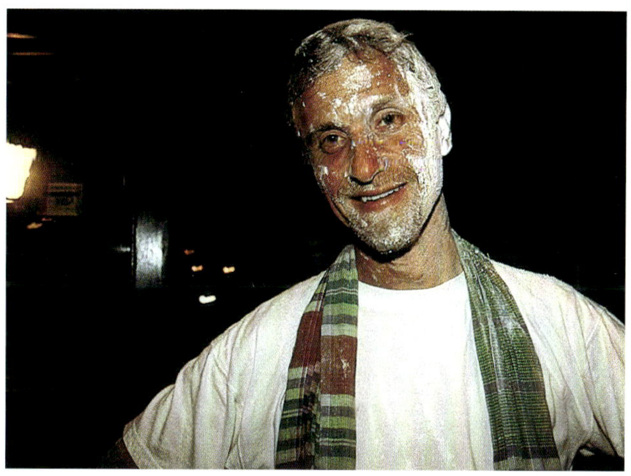

»Christopher hat sich in die Mehlschlacht gestürzt. Anschließend reinigt er den halben Abend lang seine Kamera.«

Die Anavilhanas bilden einen der größten Fluss-Archipele der Welt: Je nach Jahreszeit tauchen mehr als 400 Inseln aus dem Rio Negro auf

Seifenopern, *telenovelas*, werden von allen Schichten Brasiliens begierig gesehen, auch in den Slums von Manaus

1896, im Kautschukboom, entstand das Opernhaus von Manaus – mit Marmor aus Carrara, Glas aus Venedig und Schmiedeeisen aus Paris

Sambaschulen, haben sich die armen Siedler von Parintins ihr eigenes Skurrilum erfunden, das lauteste Spektakel im Wald. Rund 200 000 Zuschauer besuchen es alljährlich.

Und der Bulle muss sterben und leben. Der Clan der Blauen, der „Launenhaften", tritt wie jedes Jahr gegen die Roten an, die „Siegesgewissen", und schickt einen gigantischen Skorpion in die Arena, mit einem Stachel drei Stockwerke hoch. Das Tier sabbert und faucht, ein Untier aus den Tiefen der Mythologie ebenso wie aus den neuesten Videospielen; da öffnet sich sein Stachel, ein weißer Bulle springt heraus unter Gebrüll, das klingt wie der Schmerz von tausend gequälten Monstern.

Die Roten tanzen dagegen an als Termiten, Tausendfüßer und Spinnen, Kriechwesen mit schwarzen, beharrten Beinen; ihre Anhänger in der Südkurve pfeifen auf zehntausend Trillerpfeifen, bis sie erstarren: Denn die Blauen jagen ihren Bullen ins Stadion.

Der Krieg der Tiere geht auf eine Legende zurück. Eine Schwangere will Ochsenzunge essen, ihr Mann tötet das beste Tier des Patron, die Zunge landet in der Pfanne. Und der Mann im Gefängnis. Doch am Ende segnet ein Priester den toten Bullen, der wieder erwacht, Auferstehung auf der Weide – der Traum aller katholischen Viehhüter.

Welcher Bulle darf leben? Darum kämpfen die Blauen und die Roten, aber nicht mehr auf der Weide, sondern in Hinterhöfen und Manufakturen, die jeden TÜV-Beamten in den Herztod treiben würden. Wenn ein Mann in 20 Meter Höhe den Kopf auf das Stahlskelett einer Bühnenfigur schweißt, schützen sich die Untenstehenden, indem sie einen Schirm aufspannen; die Arbeiter taumeln im Gestank der Farbdämpfe, manche tragen halbe Kokosnussschalen mit Augenschlitzen – mythische Wesen auch sie.

Die Bauern und Fischer von Parintins lassen sich ihr Spektakel einiges kosten. Ein halbes Jahr dauern die Vorbereitungen, jede Gruppe setzt 4000 Tänzer, Arbeiter, Designer ein und gibt anderthalb Millionen Euro aus, für die zum größten Teil Sponsoren gerade stehen: Coca-Cola, Sharp, Xerox. Das Fernsehen überträgt das Spektakel live, die Karnevalisten haben bereits auf Festivals in aller Welt getanzt.

Aber die wichtigsten Gestalten in dem Trubel sind sechs Juroren, Theaterkritiker, Künstler, Choreografen aus ganz Brasilien, die den Wettkampf der Bullen entscheiden. Die Zettel mit ihrem Votum werden von der Militärpolizei bewacht, noch vor Ende verlassen die Schiedsrichter den Ort, bringen sich in Sicherheit.

Was sie prämieren, ist eine Fantasie, die sich nicht bewerten lässt. Bäume, deren Früchte „menschliche Augen" sind; Blüten, die aus Tigerkrallen wachsen; Feuer, das aus Ameisenfühlern schießt. Fabelgestalten mit Dinosaurierfüßen tragen Roboterkostüme, Gremlins lächeln mit Barbie-Puppen-

Zum Boi Bumbá, dem Karneval auf Parintins, bringt eine Flotte von Dampfern einige zehntausend Gäste auf die Flussinsel

Alles ist erlaubt beim Amazonasspektaktel, auch der Mix aus Indianerschmuck, Weihnachtsmütze und reichlich nackter Haut

HONDA
HONDA

Zähnchen. Der Mythos vereint sich hier mit der Postmoderne. Die brasilianische Magie: Alles wird miteinander vermählt, Europas Kunst mit Afrikas Rhythmen und Hollywoods Visionen, Comics mit Ikonen, Tod und Leben.

Am letzten Morgen spaltet sich die Welt wieder. In Blaue und Rote. Die Launenhaften haben diesmal gewonnen, eine blaue Welle wogt Richtung Kirche, wo bereits die Polizei Posten bezogen hat, damit die Roten sich nicht mit Blut rächen. Die mit so großer Mühe erbauten Figuren aus Stahl und Pappmaché überleben den Karneval nur um wenige Minuten. Dann machen sich die Menschen über sie her, plündern sie, reißen die Eisenskelette auseinander, montieren alles ab, was nur halbwegs brauchbar ist – sie entführen die Fantasie in den Alltag. Um aus Strasskostümen Sofakissen zu fertigen, aus bunten Monsterhäuten Hüttenwände. Sterben und Leben halt.

*

FAHRT ZURÜCK NACH MANAUS, von dort Flug nach Porto Velho, einmal quer über die grüne Unfassbarkeit, über den Amazonas-Wald, der größer ist als Europa und so trügerisch unbezwingbar wirkt von hier oben. Zumindest sehen wir keine Rauchfahnen über dem Pflanzenteppich, gehisst von landhungrigen Siedlern, aber wir wissen, sie sind da.

Brasilien und der Regenwald. Das unausweichliche Thema.

Porto Velho ist die Hauptstadt von Rondônia, dem westlichsten Staat Brasiliens, der erst 1981 gegründet wurde. Vorher war hier nichts, was einen Staat verlangt hätte. Bäume, Flussmäander, Indianer. Leben jenseits der Moderne. Doch in den 1970er Jahren zerstörten Dürre und Frost die Kaffeeplantagen im brasilianischen Osten, worauf die Militärregierung beschloss, das Amazonasgebiet zu erschließen für neue Anbauflächen. Das Ende des Waldes begann, und der Anfang von Rondônia.

Über 1400 Kilometer gossen Arbeiter einen Asphaltstreifen durch den Wald, die BR-364, den ersten Highway im Dschungel, einen Spaltkeil in die Natur. Siedler folgten der Route und setzten einen Zyklus der Zerstörung in Gang: In einem Streifen von 50 Kilometern beiderseits der Straße brannte der Wald, weil die Siedler Platz schaffen wollten für Acker- und Weideland.

Was dabei entstanden ist, sehen wir durch das gesprungene Fensterglas des Taxis. Sanftes, offenes Hügelland, Weiden voller Höckerkühe hinter Bändern aus Stacheldraht. Rindertransporter pflügen über die BR-364, Kühllastwagen bringen Steaks dem Weltmarkt entgegen – Rondônia ist die Blaupause für die Zukunft des Waldes, für sein Verschwinden.

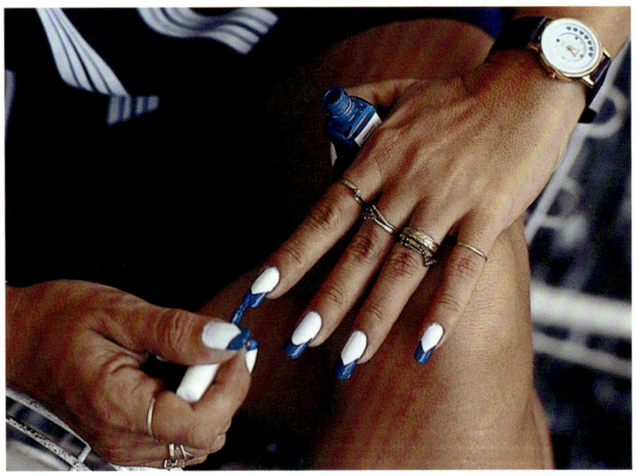

»Blaue und Rote kämpfen beim Karneval gegeneinander – und jeder muss Farbe bekennen.«

Monatelang basteln die Amazonier an Kostümen und Dekoration – um nach dem Fest alles in wenigen Stunden zu plündern und ihren Wohnhäusern einzuverleiben

Alle Berichte, die Zerstörung des Dschungels habe sich verlangsamt, sind zweifelhaft. Es gab unter dem Druck von Umweltschützern und dem Rio-Gipfel eine Atempause, mit leicht rückläufigen aber immer noch horrenden Einschlagquoten. Vorschnell aber hatten Beobachter den Endsieg des grünen Gewissens ausgerufen. Jetzt wiederholt sich Rondônia nahezu deckungsgleich an anderer Stelle. Das Codewort hier lautet: BR-163.

Diese Straße verläuft nicht von Ost nach West, sondern von Süd nach Nord, von Cuiabá in Mato Grosso zum Amazonashafen Santarém. Auf rund 1000 Kilometern fehlt der Route noch der Asphalt, bei Regen ist die Piste unpassierbar, die Behinderung soll jetzt rasch und unter Einsatz von zwei Milliarden Euro behoben werden. Entlang des bereits geteerten Stückes der BR-163 spielt sich das gleiche Szenario wie in Rondônia ab, Satellitendaten belegen es: 50 Kilometer beiderseits der Straße brennen die meisten Rodungsfeuer. Eine Studie kam zu dem Ergebnis, die gegenwärtige Situation gleiche „einem Rückfall in die schrecklichen alten Tage der siebziger Jahre“.

Warum die Straße derzeit mit Hochdruck ausgebaut wird, hat mit China zu tun. Seit dort die Wirtschaft boomt und der Verbrauch steigt, vermag das Land seinen Bedarf an Soja nicht mehr zu decken. Brasilien ist einge-

In Rondônia und anderswo stirbt der
Regenwald wieder in der gleichen Geschwindigkeit wie in den
»schrecklichen« siebziger Jahren

Mehr als 6000 Kilometer Straße sollen bald durch das Amazonasgebiet führen

Ihre Hoffnung: Land. Ihre Angst: Malaria – Neusiedler nach der Ankunft in Rondônia

sprungen und innerhalb kürzester Zeit zum zweitgrößten Soja-Exporteur der Welt herangewachsen. Können die Produzenten ihren Soja aus Mato Grosso über die neue Straße abtransportieren, so sparen allein sie, heißt es, mindestens 60 Millionen Euro pro Jahr.

Der Ausbau ist Teil von „Avanca Brasil“, einem gigantischen Plan, das Amazonasgebiet endgültig in die Weltwirtschaft einzufügen. Die brasilianische Regierung investiert rund 20 Milliarden Euro, um unter anderem 6200 Kilometer Teerstraßen durch den Wald zu legen – das dürfte eine noch gewaltigere Dimension der Zerstörung eröffnen. Zugleich werden Schutzprogramme für den Dschungel finanziert.

Es gehört nicht viel dazu, das kombinierte Resultat zu erahnen: Der Amazonaswald wird den Weg aller Natur in der hoch technisierten Welt gehen. Dezimiert und gezähmt, großflächig zerstört und in wenigen Kerngebieten aufwendig geschützt. Kontrolle und Konservation reichen sich die Hand, das ist weit weniger als das, was Öko-Aktivisten verlangen und doch mehr als völlige Gedankenlosigkeit. Ein kleiner Sieg in einer großen Niederlage. Aber vielleicht lag die eigentliche Illusion darin, zu glauben, dem Regenwald würde es anders ergehen. Sie findet statt: die Normalisierung des Dschungels.

Ein Fluss wie ein Meer: Sonnenaufgang über dem Amazonas

Vom Leben zwischen

Gott und Teufel

Man muss viel Vertrauen in gütige Mächte besitzen, um dem steinigen Boden Boliviens ein Leben abzutrotzen, so, wie es die Aymara-Indianer seit Jahrtausenden tun. Ihre Lebensweise hat sich inzwischen als die einzig mögliche auf dem Altiplano herausgestellt. Und erfüllt die Ureinwohner mit neuem Selbstbewusstsein

Nahe Huatajara erheben sich die Schneegipfel der östlichen Kordillere über die trockene, steinige Hochebene des Altiplano

Israeliten feiern ihren so genannten *holocausto*.

andopfer. Die sonderbare Gruppe ist Teil der weltweiten Bewegung fundamentalistisch-evangelikaler Christen

Auf der »gefährlichsten Straße der Welt« von Coroico nach La Paz stürzt im Durchschnitt alle zwei Wochen ein Fahrzeug in die Tiefe

Jeder Gottesdienst in Pot

‹r Stadt unterhalb der ehemals reichsten Silbermine der Welt, wird zelebriert in einer Mischung aus Katholizismus und Volksglaube

Der Kegel des Nevado Sajama, mit 6542 Metern Boliviens höchster Berg, wirft bei Sonnenaufgang seinen Schatten über die westliche Andenkette

FUNERARIA
POPULAR
SE VENDE ATAUDES
DE 4 CATEGORIAS

Der Putz bröckelt in Corocoro, der einst wohlhabenden Stadt, die dramatisch verarmt, seit die Kupfermine geschlossen wurde

Wenn in der Trockenzeit das Wasser auf dem Salar de Uyuni verdunstet, verwandelt sich der größte Salzsee der Welt in eine Ebene kristalliner Reinheit

Der Salzsee ernährt eine Armee von Arbeitern, die handliche Blöcke aus der bis zu zehn Meter mächtigen Kristallschicht herausschlagen

en-Karneval von Oruro nehmen 30 000 Tänzer teil; zumeist gekleidet in Kostüme, die Kolonialherren parodieren oder die Indianer des Tieflandes

Überragt vom Illimani, füllt La Paz auf fast 4000 Metern ein ganzes Andental – höher hat sich nirgendwo auf der Welt eine Regierung niedergelassen

CLINICA

Das vielseitig verwenc

ora-Schilf ist eine wichtige Einkommensquelle am Titicacasee. Immer wieder gleiten Uferbewohner durch die Auen, um den Rohstoff zu ernten

Bier ist eine Art »flüssiger Währung« jeder bolivianischen Fiesta, auch in Caquiavri. Der gemeinsame Rausch festigt die sozialen Bindungen

In Bolivien überstehen die GEO-Reporter eine Busreise, eine Trauerfeier, die gewalttätig zu werden droht, den Besuch in einem Gefängnis – sowie den Abstieg zum Teufel

Überschwemmungen, die Überlandstraße nach La Paz gesperrt. Stecken wir fest? Die Bilder in den Zeitungen lassen vermuten, dass halb Bolivien unter Wasser steht. Also müssen wir fliegen.

Das wollen alle in Guayaramerín, dem toten Grenzort. Kampf um die Tickets, nur jeden zweiten Tag geht ein Flugzeug. In letzter Minute dürfen wir an Bord: Lloyd Aéreo Boliviano, Flug 433. Es gibt keinerlei Sicherheitskontrollen. Und in der Propeller-Maschine stehen einige Passagiere während des Fluges im Gang wie in einem Bus, wir trauen unseren Augen nicht. Fehlen nur die Griffschlaufen an der Decke. Beim Start taumeln die Fluggäste rückwärts, bei der Landung in Rurrenabaque gehen sie in die Knie.

Auf der Erde ist es nicht sicherer. Hinter Coroico, rund 300 km südlich von Rurrenabaque, steigt die „gefährlichste Straße der Welt" hinauf in die Anden. Auf kaum 50 Kilometer Länge überwindet die *Ruta de los Yungas* 3000 Höhenmeter und vier Klimazonen: von der subtropischen Schwüle Coroicos zur beißenden Kälte des Altiplano. Der Weg schlängelt sich durch traumschöne Landschaft: Ein dichter Pflanzenpelz bekleidet die dunklen Schluchten, fast senkrecht bäumen sich die Anden auf. In diesen Felswall wurde die Straße gefräst.

Eine prekäre Rinne am Abgrund, nur 3,5 Meter breit, wie ein alarmgelbes Schild verrät. Da begegnet unserem Bus ein Lastwagen. Wir setzen zurück auf der bröckligen Straßenschulter bis zur nächsten Ausbuchtung, ich sitze talwärts und kann beim Blick aus dem Fenster keinen Grund mehr sehen. Fünf Zentimeter weiter, und wir würden ins Nichts stürzen. Durchatmen. Auf dem Bus steht in Pinselschrift: „Gott beschwert sich auch nicht".

Natürlich hätte uns ganz irdisch beruhigt, wenn der zweite Gang, der wichtigste, nicht ständig herausgesprungen wäre, der Scheibenwischer funktioniert und der Fahrer darauf verzichtet hätte, unterwegs ein Brathühnchen aus einer Tüte zu angeln und derweil mit den Ellenbogen zu lenken. Zwei Drittel aller bolivianischen Verkehrsunfälle ereignen sich auf dieser Albtraum-Route. In den 60 Jahren seit dem Bau der Straße ist im Durchschnitt alle zwei Wochen ein Fahrzeug abgestürzt – mal ein voll besetzter Schulbus, mal ein Tankwagen. Die meisten Wracks werden nie gefunden, sie verschluckt der Dschungel.

Man kann den Behörden nicht vorwerfen, sie hätten sich nicht um Entschärfung bemüht. Allerdings auf sehr bolivianische Weise. Eine Weile hatten sie vormittags ausschließlich Abwärts-, nachmittags nur Aufwärts-Verkehr verordnet. Alle wähnten sich in Sicherheit – das war fataler Leichtsinn. Weil jedermann die Polizisten bestechen und sich freie Fahrt zu jeder Zeit kaufen konnte, kam es zu grässlichen Unfällen zwischen den vom Gegenverkehr Überraschten.

Jetzt wird eine neue Straße gebaut. Die alte wäre für zehn Millionen Dollar zu verbreitern gewesen, aber daran hätten wohl zu wenige Amtsträger „verdient". Die neue soll 180

Millionen kosten, ist ein ökologisches Desaster und sackt schon vor der Fertigstellung um einen Zentimeter pro Monat ab. Der Busfahrer erzählt es mit freudiger Genugtuung, während er wieder einmal den zweiten Gang hineinwuchtet: *Locos de la ruta*, Verrückte wie ihn wird man noch lange brauchen. Immerhin: Wir haben überlebt.

*

La Paz liegt in einem tief eingeschnittenen Tal, ein gewaltiger Anblick, vor allem nachts: Wie ein Sternenhimmel funkelt die Stadt, die Häuser kleiden die Talwände aus bis zum höchsten Rand, dahinter schwebt matt die Schneekuppe des Illimani. Atemraubend auch die Höhe von 3800 Metern: Kopfschmerzen, rote Augen, trockener Mund – *soroche*, Höhenkrankheit, sie trifft fast jeden Ankömmling. Dagegen hilft nur kannenweise *mate de coca*, Tee aus Koka-Blättern.

Die *Paceños*, die Bewohner von La Paz, reden langsam, sie fahren langsam, gehen langsam; dies ist eine Stadt, ein Land in Zeitlupe, noch kaum beschleunigt von der Globalisierung. Überall die freundlichsten Menschen und eine wunderbare Gestrigkeit. In Cafés Spitzendecken und Fototapeten, auf den Straßen die Mode von vor 20 Jahren. Nein, von vor Hunderten Jahren.

Die *cholitas*, die traditionsbewussten indianischen Frauen, hüllen sich in wollweiche Ponchos nach Sitte der Inka, in etliche Lagen brokatsteifer Röcke gemäß spanischer Manier des 17. Jahrhunderts, und auf ihren Köpfen balancieren viel zu kleine Bowler-Hüte – ein Stilmix wie aus einer defekten Zeitmaschine.

Doch La Paz steht im Schatten, seit oberhalb der Stadt etwas ungleich Gewaltigeres wächst, ein urbaner Superlativ: El Alto. Auf 4080 Metern ist sie eine der höchsten Städte der Welt, mit neun Prozent jährlicher Expansion die schnellstwachsende des Kontinents – sowie die indianischste: Mehr als 85 Prozent der Bewohner sind Indígenas.

Zudem ist El Alto eine der ungemütlichsten Metropolen, im Winter sinken die Temperaturen auf minus 20 Grad; sie gilt als eine der ärmsten, kaum jemand verdient mehr als einen Dollar täglich; und sie ist ohne Zweifel die hässlichste: ein aberwitziges Ensemble unverputzter Ziegelbauten und zerfurchter Lehmstraßen. Der höchste Irrsinn der Welt.

Vor 30 Jahren stand hier oben kaum ein Haus, jetzt leben in El Alto rund 700 000 Menschen. In fünf Jahren könnten es eine Million sein, ein Achtel der bolivianischen Bevölkerung. Das Wachstum speist sich aus der Not, aus der Landflucht, die jeden Tag Hunderte von Bauern in die schmutzigen Gassen schwemmt.

Dr. José Luis Paredes aber sieht dabei Großes entstehen: „In einer

Der größte Teil Boliviens liegt im Amazonasbecken – aber die prägende Kultur findet sich auf dem Altiplano, der Hochebene zwischen den beiden Gipfelketten der Anden

Generation erreichen wir den Titicasee." Er deutet zum Horizont. Der kobaltblaue See liegt unberührt 40 Kilometer entfernt. Paredes, ein geschmeidiger Mittvierziger, ist der Bürgermeister von El Alto. Ihm nützen die Wählermassen. In einigen Jahren, verrät er, will er bolivianischer Präsident werden.

„Porvenir Uno" ist ein weiterer Schritt Richtung See: „Zukunft Eins". So heißt der winzige Ort, der an diesem Tag eingemeindet wird: 20 fensterlose Lehmhütten auf kargem Grund. Ein frostiger Wind schmirgelt die Bergsteppe, Lamas kauen an hartem Gras. Die Bewohner werfen Papierschnitzel in die Luft, als José Luis Paredes im Jeep mit verspiegelten Scheiben vorfährt. Der Bürgermeister dreht eine Runde, er muss etliche Gläser Bier leeren, bevor er auf die geschmückte Ladefläche eines Lastwagens klettert, um eine Rede zu halten.

„Zukunft Eins" wird Stadt, bevor es Dorf war. Erst vor wenigen Jahren haben die Menschen das Land besetzt, schlagen sich nun als Tagelöhner durch. Mit dem heutigen *momento histórico*, ruft Paredes in den Wind, werde El Alto wieder etwas reicher. An Energie, an Ideen. Vor allem aber gewinnen die Bewohner. Sie erhalten Strom und Wasser, dann ist ihr Land dreimal so viel wert. In vier Monaten, sagen sie, wird der

Die Straße vom Tiefland nach La Paz überwindet einen Höhenunterschied von mehr als 3000 Metern – eine ebenso furchteinflößende wie spektakuläre Strecke

Boden bedeckt sein mit Hütten: „Viva El Alto, Viva, Viva."

El Alto dient der Anarchie als Zuflucht. Und nicht nur bei der Landspekulation. Das weiß auch der Bürgermeister. 90 Prozent aller hier gehandelten Waren, schätzt er, wurden entweder gefälscht, gestohlen oder geschmuggelt. „Aber ich werde einen Teufel tun, etwas dagegen zu unternehmen. Die Leute sind so arm." Die Stadt erwirtschaftet ein Steueraufkommen von gerade drei Millionen Dollar pro Jahr, das ist selbst nach bolivianischen Maßstäben erbärmlich. Kürzlich hat die Verwaltung einige Hundert Bäume gepflanzt, am nächsten Tag waren sie geklaut – samt der Erde.

Wie regiert man einen solchen Ort? „Gar nicht", sagt Paredes lachend. Er will ein Rathaus bauen, einen Park – den ersten – anlegen, ein Fußballstadion errichten. Paredes' Wahlkampf-Slogan hatte gelautet: „Lasst uns eine richtige Stadt bauen." Was heißen sollte: die Stadt jener Wildnis abtrotzen, die noch überall in El Alto nistet. Etwa in Form der Tollwut, die, übertragen von einem Teil der 100000 Hunde, in den Quartieren grassiert, als lägen diese am Rande eines Urwalds.

Die Seuche bedroht auch den Markt, den größten des Landes, vielleicht des Kontinents. 30 Häuser-

Wahlkampf in El Alto, der anarchischen Metropole oberhalb von La Paz. Wie man den Ort regiert? »Gar nicht«, antwortet der Bürgermeister und zupft seine Blumengirlande zurecht

Im armen Bolivien wird nichts weggeworfen: *Cholitas*, traditonell gekleidete Indianerinnen . . .

blocks, also sechs Kilometer lang, zieht er sich an der Talkante oberhalb von La Paz entlang, der Mercado 16 de Julio mit dem denkbar umfassendsten Sortiment: von verrosteten Schrauben bis zu – angeblich – menschlichen Organen.

Wem unten in La Paz das Auto gestohlen wurde, der kauft es hier zurück. Am Rande des Marktes entdecke ich auf einem Plastikfetzen deutsche Bücher, darunter von Peter Wendling: „Die Kelly Family, Geschichte einer Supergruppe". Darin eine Widmung: „War schön bei euch, Verena." Wie es hierher gekommen ist, frage ich den Verkäufer, der dünn ist wie ein Schattenriss. Aus der Mülltonne eines Hotels, sagt der Mann, er habe es eigenhändig gefunden.

Nebenan verkauft eine alte Frau fünf verrostete Sicherheitsnadeln. Mehr hat sie nicht zu bieten. Sie weiß, dass selbst die kleinste bolivianische Münze zu wertvoll wäre für die Ware. Deshalb will sie tauschen. Gegen was? Sie schaut mich an. Dann hebt sie unendlich langsam, unendlich mutlos die Schultern. Es bricht mir das Herz.

Eine richtige Stadt, ein richtiges Leben. Es ist noch ein so weiter Weg.

*

Einige Kilometer weiter wird die Erlösung versprochen. Auf dem *holocausto*, wie sie hier den mannshohen Scheiterhaufen nennen, schmoren Tauben und ein Ziegenkopf. Der Priester facht das Feuer an mit Olivenöl, 100 Prozent *extra virgen*. Die Gläubigen stehen betend im Kreis, die Frauen tragen weiße, die Männer tintenblaue Polyester-Roben, über die ihre langen Haare und Bärte fließen – denn es steht geschrieben:

... und fliegende Händler verkaufen auf dem Markt von El Alto ihre bescheidenen Waren

Kleidet euch aber wie Maria, wie Jesus.

Der das verfügt hat, ist tot und lebt weiter in seiner Kirche, der Asociación Evangélica de la Misión Israelita del Nuevo Pacto Universal, kurz AEMINPU genannt. Der Gründer trug den Namen Ezequiel Ataucusi Gamonal, war ein Bauer aus Peru und, wie er glaubte, nach Moses und Jesus die dritte Inkarnation des Heiligen Geistes. Im April 1955 hatte er in dem Andendorf Equipi den Ruf des Himmels gehört und war ausgezogen, die Welt zu retten. Die wahre Erlösung müsse aus Südamerika kommen, so verstand er Gott; der erste Versuch der nahöstlichen Israeliten sei kläglich gescheitert, was am Zustand der Welt mühelos abzulesen sei.

Und offenbart nicht schon die Heilige Schrift die Rettung aus Südamerika?, ruft ein Oberpriester der Gemeinde am Stadtrand von El Alto. Warum sonst ließ Gott die Sonne zehn Stufen zurücklaufen (Jesaja 38, 8), wenn nicht, um Machu Picchu zu bescheinen, den neuen Berg Sinai, auf 13 Grad südlicher Breite gelegen und damit einzig mögliches Ziel der erhabenen Kurskorrektur. Und überhaupt die Sonne (Zacharia 8, 7), *el sol* – konnte der Höchste anderes im Sinn gehabt haben als die peruanische Währung, den Sol? Wie staunenswert doch Sein Allwissen, dass Er die Ein-

»Überall im Angebot: getrocknete Lamaföten. Sie werden als Fetische in die Fundamente von Neubauten eingelassen.«

führung des Geldes im Jahre 1863 voraussah, Halleluja.

Halleluja, antwortet die Gemeinde, und das Blechorchester zerbläst ein Kirchenlied zu einer Art Free-Jazz-Mariachi. Dann singen die Gläubigen „Südamerika – von Gott erwählt“, und es ist schon sehr weit bis zu den Propheten Palästinas.

Vieles ist möglich im Reich Ezequiel Ataucusis, bereits die Inka seien eigentlich Christen gewesen, so lehrte er, sie hatten den Glauben nur verborgen unter ihrer Sonnen-Religion. Die Nachfahren bei AEMINPU bedürfen der spirituellen Camouflage nicht mehr, sie sind die „wahren Israeliter“, folgen wortgetreu der Bibel und den Zehn Geboten, heiligen den Sabbat, meiden Alkohol, verabscheuen Ehebruch und Scheidung – sie leben in strengster Disziplin. Ist diese Strenge vielleicht der Grund, warum sie dem bizarren Glauben folgen?

Gerade weil der *culto* der Israeliten so skurril wirkt, verlangt es nach Erklärung, warum ihm immerhin eine halbe Million Anhänger in ganz Lateinamerika folgen, warum langjährige Katholiken ihre Kirche verlassen und vor dem Holocausto niederknien. Und die Katholiken desertieren nicht nur zu den Israeliten. Auf dem ganzen Kontinent verliert die römische Kirche rapide an Einfluss. Die Gläubigen von AEMINPU sind nur ein kleiner Teil der explosionsartig wachsenden Bewegung so genannter evangelikaler Sekten, die Südamerika wie in einer zweiten Christianisierung unter sich aufteilen.

Offiziell arbeiten 220 evangelikale Sekten in Bolivien, inoffiziell mehr als doppelt so viele. Sie heißen „Gott in Liebe“, „Neues Jerusalem“, „Die Macht Gottes“ (Werbung: „Komm und hol dir dein Wunder ab“), sie bekehren in jedem Dorf, in jedem Stadtviertel. Überall auf unserer Reise begegnen wir den christlichen Fundamentalisten. Wir treffen junge Prediger und pausenlos lächelnde Missionare mit weißen Hemden und glatten Gesichtern, wir hören ihre Botschaften aus ungezählten Radios und Fernsehern, Dutzende von Gesprächspartnern offenbaren sich freudig als „wiedergeborene“ Christen. Auch Statistiken belegen die religiöse Revolution: Manche Experten gehen gar davon aus, dass Südamerika bald mehrheitlich nicht mehr katholisch sein wird.

Warum? Ganze Dörfer wenden sich von ihren aus Rom gesandten Priestern ab. Sie feiern weder Karneval noch Weihnachten noch Fiestas, geben das Koka-Kauen auf, verjagen die Bierschenken. Und sie geloben, jeder Korruption zu widerstehen. Steckt hinter der Bewegung die – bisweilen fanatische – Selbstreinigung des Kontinents?

Andererseits: Im Volksmund heißen die neuen Kirchen „Pentagon-

Israelitische Priester vor ihrer Kirche in El Alto. Sie wollen Jesus nachfolgen, auch in der Kleidung. Und glauben fest, dass die Erlösung der Welt von Südamerika ausgehen wird

Messe einer evangelikalen Sekte in La Paz: Die Prediger setzen ganz auf die Kraft der Emotionen

Sekten", weil einige von ihnen seit Ronald Reagans Zeiten massiv von den USA unterstützt werden im Kampf gegen die „linke" Befreiungstheologie. Kritik an der Obrigkeit gilt all diesen Gruppen als gottlos. Was geschieht, ist des Höchsten Wille. Also auch eine Diktatur. Evangelikalismus – das neue Opium des Volkes?

Dora López Aguilar zupft ihre Polyester-Haube zurecht. Die 58-jährige Hausfrau ist seit zwei Jahren Israelitin, Jahre der Freude. Weil sie endlich verstanden hat, weshalb ihr katholischer Mann das Saufen nicht lässt und der Pfarrer es niemals geißelt: Der Teufel hat die beiden in der Hand, wären sie sonst Katholiken? Sie seufzt. Über ihren verlorenen Gatten. Und über das Elend der Welt, das so leicht zu beheben wäre durch den rechten Glauben.

Es hängt ja alles mit allem zusammen. Die katholischen Männer vertrinken den Lohn, schlagen die Frauen, verlieren die Arbeit; die Frauen vergessen die Kinder, gehen tanzen, verfallen der Hurerei; und das Land, es verdirbt. Señora López hat Bilder gesehen aus dem reichen Deutschland, so könnte Bolivien auch aussehen, wenn die katholische Kirche es nicht mit Aberglauben vergiften würde. Nie, nie wieder wird sie, wie es hier üblich ist, einen Lamafötus in

»Es ist nicht leicht, mit den Israeliten zu sprechen. Sie sind wunderbar freundlich, aber jeder ihrer Sätze beruht auf einem Bibelzitat.

Das Tal begrenzt das Wachstum von La Paz, also entstehen auf 4000 Metern Höhe die ersten Wolkenkratzer

das Fundament eines Hauses einmauern, nie mehr ein neues Auto mit Blumengirlanden und Weihwasser einsegnen lassen, nie mehr einen Heiligen, also einen Götzen, anbeten – alles Teufelszeug. „Wir dürfen so nicht mehr leben", sagt die zarte Frau mit fester Stimme.

So viel ist sicher: Neue Religionen drücken ein verändertes Lebensgefühl aus. Die evangelikale Mentalität ist geprägt von einer Mischung aus Nüchternheit und Ekstase, von erfolgsorientierter Disziplin und gotterfüllter Hingabe.

In La Paz wird die neue Religion unverhohlen als Anleitung zum ökonomischen Aufstieg gepriesen. Toto Salcedo von „Cristo vive" (Jesus lebt) schiebt seinen Wohlstandsbauch über eine hangargroße Bühne und fleht vor Tausenden Gläubigen ausdauernd um die Gnade des guten Geschäfts.

Nebenan, in einem ehemaligen Theater, zelebriert Fernando Claure von „Cristo viene" (Jesus naht) einen Gottesdienst à la Hollywood, mit Rockband und Lightshow und einer Polonaise, die stets am Klingelbeutel vorbeiführt. Aber vor allem bietet er, was vielen katholischen Messen fehlt: Gefühle im Übermaß. Schreiend werfen die Seligen die Arme in die Luft, schluchzen zu ihrem Gott, kreischen, weinen, lachen. Es wirkt wie eine ungeheure Entladung, eine kollektive Schmerztherapie.

Was also ist dieser schillernde Evangelikalismus: Befreiung von katholischer Vormundschaft oder Abhängigkeit von neuen Religionskonzernen? Bauernfängerei oder die Reformation Lateinamerikas? Findet gar statt, was der Soziologe Max Weber einst für Europa diagnostizierte, nämlich die Geburt des Kapitalismus „aus der protestantischen Ethik"? Oder wird auch der evangelikale Boom den Weg der meisten südamerikanischen Aufbrüche gehen: in neue Enttäuschungen?

Experten sind sich uneinig, die Gläubigen sowieso, und die katholischen Bischöfe haben Angst. Sie versuchen mit aller Macht zu verhindern, dass die geplante bolivianische Volkszählung auch nach der Religionszugehörigkeit fragt. Denn noch ist der Katholizismus offizielle Staatsreligion in Bolivien.

Der Holocausto lodert den ganzen Sabbat über. Etliche Male sind die Gläubigen hin- und hergewandert zwischen dem Feuer und ihrer wellblechgedeckten Kirche, haben drinnen gebetet und draußen gesungen. Am Abend verstreuen sie die Asche auf dem Plateau. Sie weht in dunklen Schleiern Richtung Titicacasee – zum See Genezareth also, dem biblischen Meer der Wunder.

*

Fahrt ins Innere des Altiplano, das Herzland Boliviens. Das Hochplateau spannt sich auf 4000 Meter Höhe zwischen den beiden Höhenzügen der Anden, und es ist so groß wie Island. Regenzeit. Sturm. Kälte wie Säure. Die Flüsse sind braune Fluten, vor den Ufern stauen sich die Lastwagen; die Fahrer der schweren Trucks wagen sich nicht über die aufgeweichten Flussbetten. Unser Jeep ver-

Wenn in der Regenzeit die Flüsse anschwellen, stockt der ohnehin beschwerliche Überlandverkehr Boliviens. Der Bus wäre bei der Durchquerung beinahe umgekippt, Lastwagen ziehen ihn später aus dem Wasser

Familie Condori hatte versucht, ein krankes Schaf im Bett aufzuwärmen – vergeblich: Im Morgengrauen stirbt das Tier. Wie selbstverständlich bleibt es bis zur Schlachtung im Bett liegen

sinkt bis zum Kühlergrill, nur mit Schwung kommen wir durch.

Wir halten in Comanche. Ein typisches Altiplano-Dorf, ein ungastlicher Ort wie aus dem Wilden Westen. Am Südrand steht ein verrosteter Wassertank für die Dampfloks, die hier einst auf den verbogenen Gleisen vorbeirumpelten. Im Zentrum schmächtige Häuser aus Lehm, knöcheltief aufgeweichte Straßen. Es regnet, rund um die Uhr. Männer, Frauen, Kinder aber tragen fast alle bloß offene Gummisandalen – wie halten sie nur diese Kälte aus?

In Pedro Condoris Bett liegt ein totes Schaf. Während der stürmischen Nacht hat es geschrien vor Erschöpfung, die Beinchen waren eingeknickt, es lag im frostigen Matsch. Pedro hat es zum Aufwärmen zu sich ins Bett genommen, es an seine Brust gedrückt – vergebens. Im Morgengrauen ist das Tier gestorben. Da liegt es nun zugedeckt bis zum Hals. Die Kinder der Nachbarschaft zerren an seinen toten Ohren, zeigen den gebrochenen Augen die beiden Pokémon-Figuren, ihr einziges Spielzeug.

Am Nachmittag wird Pedro das Schaf schlachten, Fleisch immerhin, aber lieber hätte er das Tier verkauft. Was fehlt, sagt er, um solche vorzeitigen Verluste zu verhindern, ist eine Plane über dem Pferch. Sie aber kostet 30 Dollar, unerschwinglich.

Und trotzdem: *Se puede hacer*, man kann es schaffen, auf dem Altiplano

er Altiplano: baumlos, hartes Gras, beißende Kälte. Die Kinder kennen es nicht anders und spielen mit Lamas und Schafen wie mit Spielzeugtieren

zu überleben. 170 Tage Frost im Jahr, drei Monate Dauerregen, neun Monate Trockenheit. Nicht ein einziger Baum. Und Menschen, die ihren Kindern manchmal erst im Alter von fünf Jahren einen Namen geben, vorher sterben zu viele. Dennoch: Die Aymara-Indianer können überleben, so wie sie es seit Jahrtausenden tun.

Sie haben sogar die Grüne Revolution überstanden, die vor Jahren von Experten aus dem Norden gebracht wurde, die alles besser wussten, erinnert sich Pedro. Wir sitzen neben dem Schaf in der kleinen Hütte. Pedros Frau Pacesa stillt ihr einziges Kind, die dreijährige Ana-Gisela, auf dem Feuer köchelt Mais-Eintopf.

Mehr als 150 Kartoffelsorten gab es früher auf dem Altiplano, berichtet Pedro, stets habe jeder Bauer ein gutes Dutzend gesät, um sich abzusichern gegen Frost, Ungeziefer, Dürre. Dann sollten sie nach dem Willen der Experten aus dem Norden nur noch eine einzige holländische Sorte nehmen. Aber die benötigte Dünger und teure Pestizide und wuchs doch nicht. Die Folge: magere Ernten, Bauern verschuldet, Boden ausgelaugt. „Nur eure Konzerne haben gewonnen", sagt Pedro.

Man kann Männern wie ihm nichts mehr vormachen. Der Fortschritt nach westlicher Manier ist entzaubert hier oben. Taugt nichts auf dem strengen Boden. Also erschaffen sie sich ihre eigene Tradition. Victor Huayno-

Beim Volksfest von Caquiaviri treffen sich die *mallcu*, die Dorfvorsteher. Selbstverständlich gehören dazu Frauen, die bei den Aymara traditionell eine mächtige Rolle spielen

ca etwa, der *mallcu* des Dorfes, der Vorsteher, entwickelt lokale Technologien. Der Pionier hat Terrassenfelder angelegt, zieht Gemüse in tief versenkten, frostgeschützten Gräben, holt das ganze Jahr über Wasser aus einem künstlichen Teich, nutzt Bio-Gas und getrocknete Kuhfladen als Brennstoffe – und hat so sein Einkommen von 200 auf 1200 Dollar im Jahr geschraubt. „Wir werden nie so leben wir ihr", sagt Huaynaco, „wir werden nie reich sein. Aber wir überleben."

Das neue Selbstbewusstsein der *indígenas*. Gewerkschaften, Kooperativen, „westliche" Verwaltung – alles gescheitert. „Die Weißen und die Mestizen haben auf dem Land die Macht verloren", sagt der kondorgesichtige Huaynaco, nicht ohne Stolz. Die Aymara, sein Volk, kehren allmählich in die Geschichte zurück. Erst nach der Revolution von 1952 wurde ihnen Land überschrieben, erst seit den sechziger Jahren haben sie die Chance, Schulen zu besuchen, und erst die Verfassung von 1994 hat die Rechte der Ureinwohner offiziell anerkannt sowie eingestanden, dass Bolivien ein Vielvölkerstaat ist.

Neben den staatlichen Behörden leben wieder traditionelle Aymara-Strukturen auf, etwa die kollektive Selbstverwaltung, *ayllu*, mit ihrer zuweilen strengen Ordnung. Einmal hat Huaynaco den Bürgermeister von Comanche, die oberste staatliche

Zur Fiesta werden Stiere in die Menge gejagt, was nicht ohne erhebliche Verletzungen abgeht

Autorität im Dorf, öffentlich ausgepeitscht. Warum, will er nicht sagen, das gehe Außenstehende nichts an.

Sie vertrauen wieder auf andine Grundwerte, auf Ausgleich, auf eine komplizierte Balance zwischen den Göttern, die in allem wohnen, und zwischen den Menschen. Auch wenn das Ortsfremde zur Verzweiflung treibt. Jede Einladung zu einem Treffen, erzählt ein Entwicklungshelfer in Comanche, muss von allen 15 *subjefes*, Untervorstehern, abgezeichnet und gestempelt werden. Das dauert oft Wochen. Bei Versammlungen wiederholen die Teilnehmer wortgleich und stundenlang dasselbe, um sicherzustellen, dass alle alles verstanden haben. Individuelle Entscheidungen gibt es nicht, Reformen prüfen sie oft jahrelang – Überlebensklugheit in einer Welt, die Fehler nicht verzeiht. „Aber was es heißt, hier zu leben, das versteht ihr nicht“, sagt Victor Huaynaco.

Ihr. Euch. Eindringlinge. Je tiefer wir in den Altiplano eindringen, umso weniger kommen wir voran. Eine Welt, imprägniert mit Misstrauen. Einmal haben wir die Grenze überschritten. Es war ein Fehler.

Die Luft ist eine Wand. Aus Schnapsatem, Nässe und Trauer. Ganz Comanche drängt sich in einem niedrigen Saal, am Stirnende steht der Sarg mit Doña Justina, der Unseligen. Liegt dort, tot wie Pedros Schaf. Davor finden sich Koka-Blätter, Alkohol-Gaben, ein Blumengesteck.

Wir glaubten, unseren Besuch gut vorbereitet zu haben. Hatten vorab Erlaubnis erbeten, bringen Koka, reichlich Alkohol und mehrere Kerzen sowie einen bolivianischen Begleiter, der die Aymara von Comanche gut kennt und ihre Sprache spricht. Und doch: Als wir den Saal betreten – schmerzhafte Stille. Als wäre jedes Geräusch aus der Welt gewichen. Blicke wie Klingen. Wir werden angerempelt, ein paar Männer stolpern auf uns zu, geballte Fäuste. Was wir wollen? Der Toten die Ehre erweisen. Reicht nicht. Aymara-Kultur kennen lernen. Pah. Ein Begräbnis miterleben. Wozu? Wir wissen selbst, das genügt nicht als Grund. Aber sollen wir den wahren Grund nennen: Neugier?

Sie schieben uns Richtung Tür, sie wollen draußen mit uns reden, wir ahnen, was das heißt. Da sagt eine Frau mit ruhiger Stimme: Vielleicht wünscht die Tote ja Besucher aus der Fremde. Die Tote, die weiterlebt, deren Seele im Raum schwebt. Schweigen. Dann reicht uns jemand ein Glas.

Vielleicht sollte die Drohung auch ihre Schande verbergen. Ihr Versagen, das so groß ist, dass die Trauernden es drei Tage und drei Nächte lang ertränken müssen. 400 geliehene Bolivianos, 60 Dollar, hatten Justina und ihr Mann nicht zurückzahlen können. Alle im Dorf wussten darum, niemand hat geholfen. Nur Rattengift, aufgelöst in Milch.

Am Morgen nach dem Besäufnis werfen sich die Verwandten schluchzend auf das Grab und bitten die Tote um Vergebung. Auch der Ehemann, der nach den ungeschriebenen Gesetzen des Altiplano nicht mehr lange leben wird. Darf.

*

EINEN TAG SPÄTER: Die andere Seite der Aymara, des Altiplano. Das Nachbardorf Caquiaviri lädt zur Fiesta, vier Tage und Nächte lang. Die Feier beginnt, als die *pasantes*, die lokalen Sponsoren des Festes, eine Barriere Bierkästen aufschichten; sie lassen sich dieses Privileg zuweilen Tausende von Dollar kosten.

Bier ist die Währung des Festes. Flüssige Solidarität. Jeder schenkt jedem ein, alle trinken auf ex, nicht ohne vorher einen Tropfen der Mutter Erde zu opfern, *pachamama*. Die Gläser kreisen, wandern hierhin, dorthin, kreuzen einander, kollidieren, und mit jedem Schluck spannt sich das soziale Netz des Dorfes straffer. Am Ende sind alle sturzbetrunken. Auch wir. Auch die Bürgermeisterin taumelt, als sie uns zu Ehrengästen erklärt und uns groteske Hüte aus Schaumstoff aufsetzt.

Wie die Aymara eine wüste Party feiern? Durch Chaos. Indem sie alles gleichzeitig passieren lassen. Über den Dorfplatz paradiert ein halbes Dutzend Blasorchester, Tanztruppen kreiseln in papageienbunten Kostümen, am Rande schenken Frauen Bier aus, Kinder spielen auf dem Platz – da lassen sie die Stiere hinein.

In wilden Sprungen preschen die Tiere zwischen die Feiernden, kreischend flüchten die Tänzer, stolpern, fallen. Betrunkene reißen sich die Hemden vom Leib und mimen den Torero, werden von den Stieren in die Luft geschleudert. Die Menge versucht auszuweichen, sie wogt und grölt – es ist ein Riesenspaß. Ein Stier nach dem anderen schnaubt über den Platz, stoisch spielen die dezimierten Orchester weiter, die Tänzer formieren sich immer wieder neu, Verletzte humpeln zur Krankenstation.

Wie das noch zu steigern ist? Das Festkomitee hetzt gleichzeitig zwei Stiere auf die *plaza*, schließlich drei. Erst die Dunkelheit beendet den Tumult, diese Umwertung aller andinen Werte. Die Fiesta ist, was das Leben sonst nicht sein darf: Überschwang, Sorglosigkeit, Verschwendung. Einmal im Jahr eine Auszeit vom Altiplano – beinahe: Zähes Durchhalten ist auch beim Feiern das höchste Gut. Wir reisen völlig erschöpft am zweiten Abend ab. Im Bus hängt das Aroma von Alkohol und Glückseligkeit.

*

WIR MÜSSEN UNS SISYPHOS als glücklichen Menschen denken, schrieb der Philosoph Albert Camus, aber Oberst Jaime Cruz ist nicht glücklich, nein, ganz und gar nicht. Dabei könnte der Colonel sich als Held fühlen. Er ist die Speerspitze im Kampf gegen *la droga*, gegen das Kokain. Ausgerechnet Bolivien, dieser Pauper des Kontinents, betreibt das ehrgeizigste Anti-Drogen-Pro-

»Viel trinken und ausdauernd tanzen – wir müssen ganzen Einsatz bringen, um beim Fest von Caquiaviri akzeptiert zu werden.«

gramm Südamerikas: *Coca Zero*, Null Koka. Es hat sich vorgenommen, alle illegalen Koka-Sträucher zu vernichten und die Kokain-Mafia zu erledigen.

Was heißt: vorgenommen. „Wir haben es geschafft", sagt Coronel Cruz, „vorerst." Im März 2001 haben sie die letzten Sträucher herausgerissen im Chapare, der subtropischen Koka-Anbauzone, aus der in den Achtzigern ein Großteil des bolivianischen Kokains geschleust wurde und wo man das weiße Pulver in Säcken am Straßenrand kaufen konnte. Jetzt wächst Koka nur noch auf 12 000 Hektar im Gebiet der Yungas. Die dortigen Pflanzen sind legal und versorgen, streng überwacht, die Bolivianer mit jenen Blättern, die sie zum Koka-Kauen benötigen, dem traditionellen Brauch der Hochland-Bewohner.

Diese Unterscheidung ist wichtig: Koka ist nicht gleich Kokain. Die Blätter gelten als mildes Stimulans, gar als Heilpflanze. Erst nach aufwendiger chemischer Extraktion entsteht daraus die harte Droge Kokain.

Das Hauptquartier der UMOPAR, der Anti-Drogen-Polizei, liegt mitten im Chapare. In der *zona roja*, der roten Kampfzone. Ein unregelmäßiges Vieleck auf der Lagekarte. Die Orte heißen Chimoré, Sinahota, Villa Tunari. Oberst Cruz, ein ruhiger Intellektueller, sitzt hinter seinem Computer mit Internet-Anschluss, an den Wänden Plaketten von Ausbildungscamps der US Army. Er referiert die Erfolge: In vier Jahren haben Polizei und Armee fast 40 000 Hektar Koka-Sträucher zerstört und damit die potenzielle Kokainproduktion von 245 Tonnen pro Jahr auf nahezu null gebracht.

Doch der Triumph hat auch seinen Preis – und der steigt. Auf Grund der Knappheit hat sich das Kilo Kokain in Bolivien in nur einem Jahr von 500 auf 1500 US-Dollar verteuert. Und das heißt nichts anderes, als dass es nun dreimal lukrativer ist, Kokain zu produzieren als früher. Was wiederum bedeutet, dass der Krieg gegen die Droge gerade erst begonnen hat. Je erfolgreicher Colonel Cruz kämpft, desto mehr Anreize schafft er, besiegt zu werden.

Das ist das Dilemma jedes Drogenkrieges in den Produzentenländern: Solange die Nachfrage in den USA und Europa nicht sinkt, treibt der Kampf gegen den Anbau den Preis so weit in die Höhe, bis die Wiederaufnahme der Produktion durch die Bauern nahezu zwangsläufig wird. Deshalb sagt Coronel Cruz: „Was wir nun brauchen, ist dauerhafte Repression im Chapare."

Von oben schauen die US-Amerikaner mit ihren High-Tech-Satelliten, die Koka-Pflanzen aus dem Weltall entdecken, am Boden patrouillieren UMOPAR-Soldaten. Auf der legendären *Senda 3*, der Hauptschmuggelroute durch den Chapare, begleiten wir eine mobile Einsatztruppe. Drei Jeeps, neun Mann, schwer bewaffnet mit neuestem US-Gerät.

Drogenrazzien im Chapare sind Teil der »dauerhaften Repression« des Koka-Anbaus

Sie stoppen jedes Auto, stochern mit Drahtstäben in die Hohlräume, tasten die Passagiere ab. „Was soll die Scheiße“, ruft ein Fahrer erregt. Die Soldaten durchkämmen Felder, drücken Haustüren auf, drehen Matratzen um, und nicht nur, weil die dichte Vegetation den Vergleich nahe legt, gemahnt die Aktion an den Vietnamkrieg – dauerhafte Repression. 8000 Soldaten sind im Chapare stationiert.

Warum Bolivien? Warum wagt ausgerechnet dieses schwache Land den energischsten Krieg gegen die Droge? Aus vielerlei Gründen. Eben weil es schwach ist und deshalb dem Druck der US-Amerikaner, der heimlichen Herrscher Südamerikas, am wenigsten widerstehen konnte; weil es nicht mehr Prügelknabe sein wollte, dem die Entwicklungsgelder gestrichen wurden wegen seiner Drogenabhängigkeit; weil das Kokain auch die eigene Gesellschaft zu zernagen drohte – einige Städte waren bereits in der Hand der Kokain-Mafia.

In Ivirgazama steht Adrián Flores und blickt der Patrouille hinterher. Der 38-Jährige wurde schon mehrfach nachts aus dem Haus gezerrt, erzählt er, geschlagen, seine Hütte verwüstet, seine Frau und die drei Kinder verschreckt. „Das geht hier allen so.“ Der schmächtige Mann ist ein Problem, denn er ist ein *cocalero*, ein Koka-Bauer. Genauer: Er war einer.

Wie fast alle der 20 000 Bauern hat er seine Koka-Felder freiwillig zerstört und dafür von der Regierung 2500 US-Dollar Entschädigung pro Hektar erhalten. Er besitzt 1,5 Hektar Land. Seit zwei Jahren wachsen auf seinen Feldern hinter der Bambushütte Bananen, Ananas, Maracuja. „Alternative Entwicklung“ heißt das im Regierungsjargon und klingt wie eine Perspektive: Die alternativen Früchte will Bolivien auf dem Weltmarkt verkaufen und so den Bauern eine Lebensgrundlage bieten.

Aber nichts ist gut. Adrián bebt vor Wut. Koka anzupflanzen ist einfach, man erntet es drei bis vier Mal pro Jahr, es benötigt kaum Pflege, keinen Dünger, keine Pestizide. Adrián hat damit rund 3000 Dollar pro Jahr verdient. Bananen und Ananas erntet er in diesem Zeitraum höchstens zweimal, sie verlangen enorm viel Aufwand, er musste Hilfskräfte einstellen – und es bleiben ihm nur 2000 Dollar. Seit alle hier Ananas ziehen, ist der Preis verfallen, zehn Stück für 30 Cents.

„‚Alternative Entwicklung‘ ist unser Ruin“, sagt Adrián, „ohne Koka können wir nicht überleben.“ Er berichtet, dass 90 Prozent der Cocaleros wieder begonnen haben, Koka-Sträucher anzupflanzen. Aus purer Verzweiflung. Irgendwann werden die Pflanzen so groß sein, dass die Satelliten sie entdecken. Und dann? „Wenn die Armee kommt, müssen wir uns verteidigen. Notfalls mit Gewehren.“

Und dann? Coronel Cruz zuckt die Schultern. Die Phase des Übergangs, der *transición*, ist vorüber. Jetzt, so will es das Gesetz 1008, auf dem der Krieg gegen die Droge beruht, jetzt muss Jaime Cruz jeden ins Gefängnis stecken, der mit Koka-Produkten erwischt wird – *detención automática* heißt das, obligatorischer Gewahrsam. Doch wenn die meisten der 20 000 Koka-Bauern tatsächlich wieder angepflanzt haben – was dann, Coronel? Will er den Großteil der Bevölkerung des Chapare ins Gefängnis werfen? Der Oberst

Evo Morales, Sozialist und Anführer der Koka-Bauern, gilt inzwischen als aussichtsreicher Präsidentschaftskandidat

schiebt seine Brille den Nasenrücken hinauf und sagt: „So schlimm wird es schon nicht werden."

Doch, wird es, sagt Evo Morales. Er ist der Kopf der Cocaleros, ein umstrittener, charismatischer Führer, eine der entscheidenden Figuren der bolivianischen Politik. Im April und September des Jahres 2000 legte er das Land lahm mit Massenprotesten, die den Chapare abriegelten und die wichtigsten Überlandstraßen blockierten.

„Koka darf man nicht verbieten", meint Evo Morales, „Koka ist die gesündeste Pflanze der Welt. Wie kann man unterdrücken, was gut ist?" Morales spricht in einem Hinterzimmer in Sinahota vor einer Hand voll Bauern, im Hof davor liegen Berge von Koka-Blättern – legale, wie es heißt. Der schlaue Politiker redet von einer rechtmäßigen Koka-Industrie, die Zahnpasta, Mehl, Medikamente aus der Heilpflanze herstellt – eine andere Form alternativer Entwicklung.

Und er fordert gerechte Preise, Zugang zum Weltmarkt, sichere Absatzwege, also all das, was die bolivianische Regierung niemals garantieren kann. Und überhaupt: Eine andere Welt muss her, ohne Nord-Süd-Gefälle, ohne Ausbeutung. Die Bauern nicken. „Wenn die USA so scharfe Drogengesetze hätten wie wir, dann gäbe es kein Koka-Problem. Warum soll es uns schlechter gehen, nur damit ein paar Gringos in Washington Erfolge im Krieg gegen die Drogen feiern", ruft Morales.

Auch er glaubt, dass die Mehrheit der Bauern wieder angepflanzt hat. Und wenn die Sträucher entdeckt werden? „Kampf, was sonst?" Morales sieht eine Guerilla heranwachsen in den Wäldern des Chapare, geboren aus Not und Repression, gar ein zweites Kolumbien entstehen. „Die Regierung produziert eine Generation Verbitterter", sagt er, „das wird sich rächen."

Wir betreten das Gefängnis von Chimoré, eine Keimzelle der Verbitterung, als Elías Maca Monterregio eingeliefert wird. Der 15-Jährige ist am Tag zuvor gefasst worden mit einem Sack Koka-Blättern auf der Schulter. Er schlottert vor Angst. Sein tränenvoller Blick wandert über die Eisenstäbe, die nun sein Leben umschließen. Tastet sich durch die beklemmende Enge, über die Männer, die sich Schulter an Schulter auf dem Boden der Zellen drängen, über die Besenstiele, die in die Gitter verkantet sind, dass sie wie Lanzen in den Raum ste-

Im Gefängnis von Chi

»Die Insassen scherzen und lachen mit uns, keine Spur von Gewalt. Später notiere ich: ein Gefängnis ohne Kriminelle. Absurd.«

:n Bauern teils jahrelang ein; auch, weil der Staat die Beweislast umgekehrt hat: Die Häftlinge müssen ihre Unschuld beweisen

Wenn beide Elternteile inhaftiert werden, nehmen sie oft ihre Kinder mit ins Gefängnis – wer sonst sollte sich um sie kümmern?

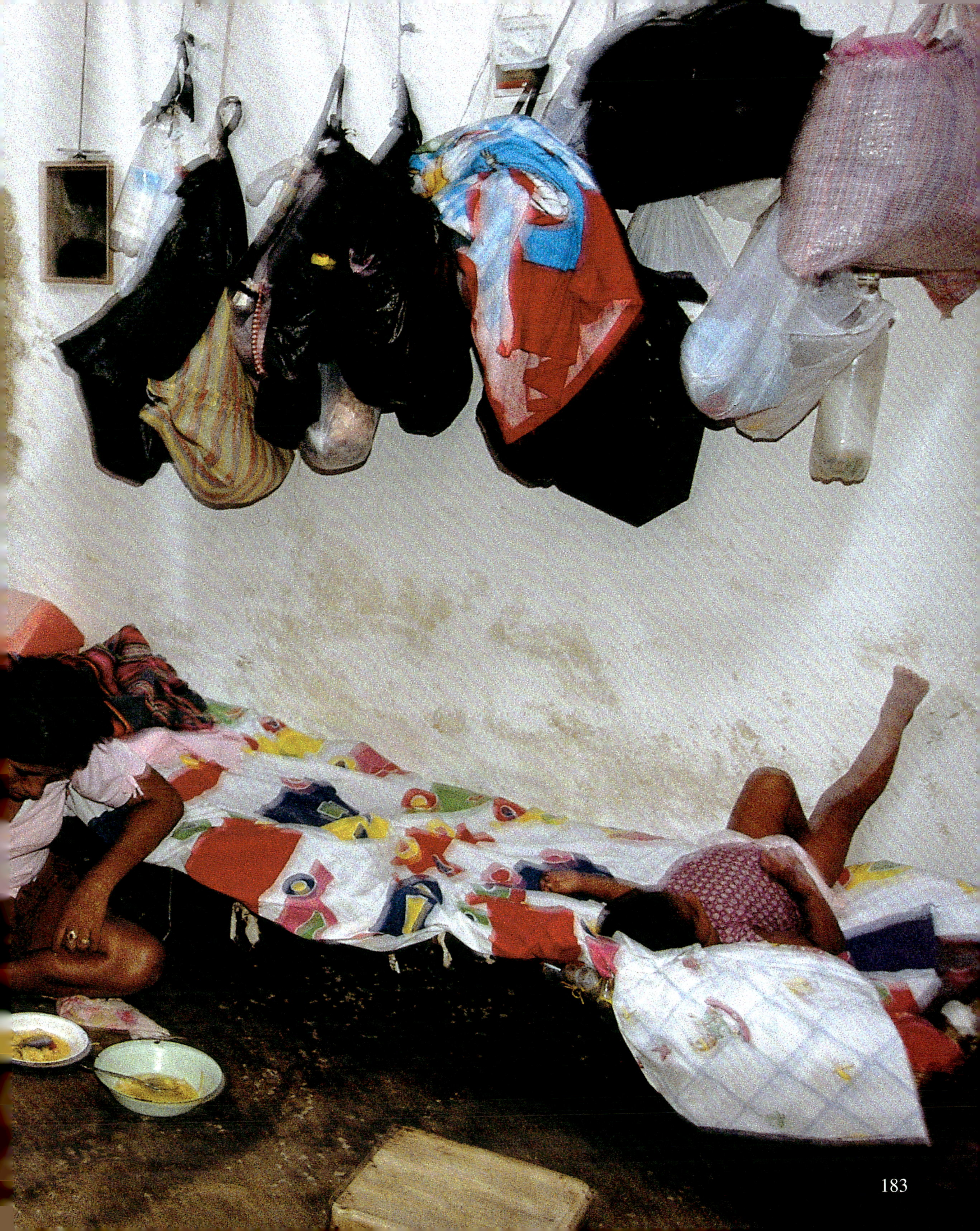

chen, über die abgeschnittenen Plastikflaschen, in denen die Insassen ihre Habe bewahren: Seife, Rasierer, Esslöffel, mal ein Bild von der Familie.

Elías schaut in die Zellen der Frauen und ihrer Kinder, die mit ihnen einsitzen, weil sie sonst kein Zuhause hätten; blickt zu den Duschen, vier für 169 Häftlinge, zu den Trögen voll dünner Suppe, die zum Abendessen hereingeschleppt werden, für das sich die Gefangenen in strenger Ordnung anstellen. Die meisten werden jahrelang einsitzen, denn die *ley 1008* hat die Beweislast umgedreht: Jeder Häftling muss seine Unschuld beweisen, nicht der Staatsanwalt die Schuld.

Die *mineros* von Llallagua zerkleinern das Erzgestein mit selbst gebauten Betonwippen

Einige Insassen klopfen dem Neuling aufmunternd auf die Schultern, leihen ihm Löffel und Decke, denn der Staat gibt Insassen gar nichts, nicht mal einen Pappkarton als Bett. Eine Frau reicht ihm ein Taschentuch gegen die Tränen und sagt: „Kleiner, dir wird's gut gehen hier." Und allmählich versteht Elías, wo er gelandet ist: in einer freundlichen Hölle.

Wohl in kein anderes Gefängnis des Kontinents kann man einfach so hineinwandern ohne bewaffneten Schutz; hier werden wir begrüßt von lachenden Gesichtern. Draußen spielen Wärter mit Gefangenen Fußball, es scheint purer Zufall, auf welcher Seite sie spielen. Die gleichen Gesichter, die gleichen Witze. Alle sind *campesinos* hier, Bauern, keine Verbrecher. Die Frauen werden nicht belästigt, es gibt keine Vergewaltigungen, keine Waffen, keine Drogen, nicht mal Bier.

Ein Gefängnis ohne Kriminelle – eine Absurdität. Und das schmerzlichste Symbol für das Dilemma Boliviens. Es muss sein eigenes Volk einsperren, um das Koka zu bekämpfen. Der Krieg gegen die Droge ist ähnlich zerstörerisch wie die Droge selbst. Es ist ein Krieg, den Bolivien nicht gewinnen kann: Die Sucht des Nordens und die Armut des Südens zerfressen das schwächliche Land.

Nebenan lässt Coronel Cruz bereits einen weiteren Häftlingstrakt bauen. „Eine Notwendigkeit", sagt er tonlos. Und: „Wir werden gewinnen."

*

Nivel 411 führt zum Teufel. Manchmal hört man ihn lachen, dann hallt es durch den Berg wie ein böses Omen, erzählt Antonio, schauerlich. Als bedürfte es dieses Lachens, um sich zu fürchten. Nein, um Angst zu haben, pure Angst.

Im vergangenen Monat sind vier *mineros*, Minenarbeiter, von stürzendem Fels erschlagen worden, pro Jahr sind es zwei Dutzend. Die Verletzten werden nicht gezählt, meist melden

»Im Innern der Mine. Gummistiefel in meiner Größe waren nicht zu finden, also schützen Plastiktüten gegen das ätzende Wasser

Das Erzgestein aus der Mine Siglo XX wird Sack für Sack zu Tal getragen – jeder wiegt rund 50 Kilogramm

Eine Fototapete nährt den Traum von Wärme und
Luxus in Llallagua. Die beiden Frauen erzählen, sie seien in ihrem Leben
niemals unterhalb von 3000 Metern gewesen

sie sich nicht einmal – bringt ja nichts, ohne Versicherung.

Wir sind zurückgekehrt auf den Altiplano, besuchen die legendäre Minenstadt Llallagua. Die Berge um den Ort sind grau und faltig wie ein müdes Gesicht, ein sprechendes Antlitz: In den Minen Llallaguas beuten sich jene aus, die niemand mehr ausbeutet.

Wir tasten uns in den nachtschwarzen Stollen vor, der sich allmählich zusammenzieht wie eine Schlinge. Die Wände rücken zusammen, die Decke sinkt herab, entblößt geborstene Stützbalken, deren Bruchkanten wie Dolche in den Weg ragen. Zuweilen kriechen wir auf allen vieren. Gestein bröckelt nieder, wir können es nicht sehen im Schein unserer Karbidfunzeln, nur hören, als würde der Berg gereizt trommeln.

Wenigstens wird es wärmer. Am Eingang war es schneidend kalt auf 4000 Meter Höhe; zu dritt waten wir durch das eisige Wasser, vor dem uns Antonio warnt: Es ist säurehaltig, ein Tropfen im Auge brennt wie Phosphor. Den Berg perforieren Gänge von mehr als 600 Kilometer Länge, ein unterirdisches Universum. Manche Schächte versinken hüfthoch in Wasser, andere sind so heiß, dass man in ihnen nicht sitzen kann. Mal faucht ein scharfer Wind, mal verdichtet sich die Luft zu stinkender, dicker Melasse.

Wir gehen eine Stunde tief in den Berg. Jeder Atemzug kostet monumentale Überwindung: Einen Pesthauch müssen wir einsaugen, ein räudiges Gemisch aus Kot und Schweiß und Mühsal. Ich habe nie einen fürchterlicheren Ort betreten. Früher gab es Ventilation, sagt Antonio, der uns würgen hört, das könne man sich jetzt nicht mehr leisten.

Früher. Da hat Siglo XX (sprich: Siglo Veinte), die größte Zinn-Mine der Welt, halb Bolivien ernährt, in seiner Bedeutung war sie nur vergleichbar mit dem legendären Silberberg des nahen Potosí, der einst das spanische Kolonialreich finanzierte. Als Simón Patiño im Jahre 1900 die Erzader von Siglo XX entdeckte, führte sie fast 60 Prozent Metall und machte ihn zu einem der reichsten Männer der Welt; die „New York Times" listete seinen Wohlstand 1927 noch vor dem der Herren Rothschild und Guggenheim auf.

Auch den Minenarbeitern ging es gut, relativ. Festes Monatseinkommen, Sozialversicherung – bis der Staat, zerrüttet von Hyperinflation und Überschuldung, 1986 die-

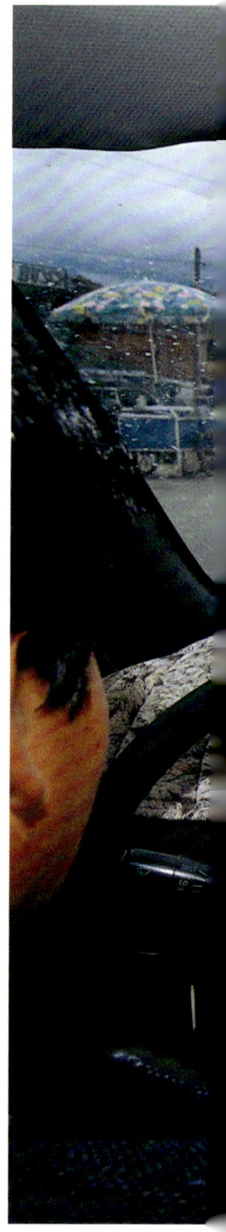

Tod und Teufel, Kreuz und Krücke; auf dem Karneval von Oruro werden, wie bei jeder bolivianischen Fiesta, die Widersprüche vereint; wenigstens solange das Fest währt

se und andere Minen schloss und 23 000 Mineros entließ. Die Elite des bolivianischen Proletariats: arbeitslos. Antonio: arbeitslos. Aber nicht lange. 4000 Arbeiter sind wieder in den Berg gegangen – auf eigene Faust. Aber eigentlich, meint Antonio, „sind wir zurückgegangen ins Mittelalter“.

Die letzten Meter robben wir, schweißgebadet, keuchend. In einer Art Höhle liegen die anderen Männer von Antonios Trupp, mit nackten, glänzenden Oberkörpern. Es ist warm, beinahe gemütlich, trotz des Pesthauchs. Die Männer scherzen, erzählen Anekdoten. Wie sie einen Minero erwischten, als er es in einem Schacht mit einer Frau trieb, nur: Es war nicht seine eigene. Und wie auf Nivel 576 die Balken brachen und der Berg durchsackte, was sind sie da gerannt. Sie klopfen sich auf die Schenkel. In der Behaglichkeit der Hölle.

Die Bergmänner kauen Koka, trinken in kleinen Schlucken den 90-prozentigen Fusel, den sie aus Blechka-

Lenkrad und Pedale links, Armaturenbrett rechts – so sehen viele Taxis in Bolivien aus. Mechaniker bauen rechtsgesteuerte Gebrauchtwagen aus Japan um. Das ist billiger als Neuwagen zu importieren

nistern schütten, ein Liter zu 40 Pfennig – „Arbeitsvorbereitung" nennen sie das. Koka betäubt den Hunger und die Müdigkeit, Alkohol die Sinne. Sie wollen ohne Schlaf und ohne längere Pausen drei Tage und Nächte im Berg bleiben, arbeiten, trinken; ihre einzige Nahrung ist ein Sud aus Gerstenmehl und Wasser. Vielleicht schicken sie mal den Jüngsten hinaus, den 14-jährigen Sohn von Edmundo, Hühnerbrühe holen.

Und der Abbau des Zinns? Ihn sehen wir nie, dorthin dringen wir nicht vor. Selbst die kleinen, wendigen Männer müssen sich auf dem Bauch liegend in die handgegrabenen Tunnel zwängen, 400, 500 Meter weit, bis sie auf eine Ader stoßen. Dort hacken sie das Erz mit Eisenmeißeln aus dem Fels, Zentimeter für Zentimeter. Dann schaffen sie es in 50-Kilo-Säcken hinaus, tragen es kilometerweit durch die Schächte, über brüchige Leitern schwankend Hunderte von Höhenmetern hinauf – hagere Männer mit leeren Augen, Gespenster. Und am Ende jeden Tages bleiben ein, zwei Dollar.

Seit 30 Jahren steigt Antonio in die Erde, der 45-Jährige ist einer der ältesten der Mine. In seinem runden Gesicht glühen gerötete Augen, seine Bewegungen sind eckig, das kommt vom Koka. „Noch fünf Jahre, das wär schon was." Fast ein Rekord.

Llallagua, die Stadt unterhalb des Berges, gehört den Witwen. Älter als 50 wird kaum ein Mann, ausgezehrt von Staublunge, Rheuma, Verletzungen, halb blind vom ätzenden Wasser. „Im Berg arbeiten heißt sterben", sagt Antonio, nüchtern wie ein Pathologe. Ob eines seiner fünf Kinder unter Tage soll? Nunca, niemals. Ob er hier arbeiten würde, wenn er keine Familie hätte? *Nunca jamás*, niemals mehr, nicht eine Sekunde.

Auf dem Rückweg führt er uns zum Teufel. Das ist der Gott des Berges, er stammt noch aus vorspanischen Zeiten. Zu ihm, nicht zu Jesus, beten die Mineros: Ein tanzender, kleiner Derwisch aus Holz in einer Mauernische, ein böses, lachendes Bürschchen. Es könnte keinen passenderen Gott geben an diesem grauenhaften Ort.

Wir legen ein Bündel Koka-Blätter zu Füßen des Teufels nieder. Dann treten wir wieder hinaus in das harte Licht des Altiplano, in die Kälte, die den Schweiß am Körper gefrieren lässt. Wie ein Schatten fällt die Angst von uns ab.

*

Wir treffen den Teufel wieder beim Karneval von Oruro, dem prächtigsten der Anden. *El diablo* hat blau-rote Glubschaugen und tanzt mit dem Erzengel Michael – nein, gegen ihn. Der ewige Reigen: Gut gegen Böse. Nur: Was ist hier was? Dreimal siegt der Teufel, feixend hüpft er die Straße hinab, wird bejubelt, erst beim vierten Kampf muss er sich der Heerschar christlicher Engel geschlagen geben, den Göttern der spanischen Invasoren. Da rührt sich keine Hand.

Die europäischen Eroberer werden verhöhnt als pompöse *conquistadores* in ausladenden Reifröcken und bleiern glänzenden Masken, kolonialen Darth-Vader-Fratzen. Über ihre Schultern wippen dreiköpfige Drachen, der Inbegriff des Verächtlichen. Damit kein Zweifel herrscht, wer dort per Epaulette und steifem Kragen parodiert wird, hat man Berufsbezeichnungen in den Brokat gestickt: *monarca, emperador, rey*.

Es ist ein milder, sonniger Tag auf dem Hochplateau, zehn Grad. Glück für die Funkenmariechen in ihren sündhaft knappen Röckchen, die verblüffende Ähnlichkeit mit den Tänzerinnen des Kölner Karnevals haben. Glück auch für die 500 000 Zuschauer. Sie liefern sich auf den Tribünen eine Schlacht mit gefüllten Wasserballons und Schaum aus Sprühdosen. Streng verboten ist: Tänzer und Musiker einzunässen, immerhin 30 000, die in einem großartigen Farbenrausch die *Avenida del Folkore* hinabziehen.

»Karneval ist Dauerstress für die Musiker. Dafür erhalten sie Suppe gratis und nach getaner Arbeit Schnaps in rauen Mengen.«

Mitten im Busch ein Schlagbaum; die eigentliche Grenze zu Paraguay kommt erst 250 Kilometer weiter südwestlich

Mehr als 20 Stunden dauert diese getanzte Ästhetik des Widerstands, sieben Stunden länger als ursprünglich geplant. Die Organisatoren raufen sich die Haare, weil jede Gruppe ihr eigenes Tempo hat – das ist bolivianisches *Laisser-faire*, sagt eine TV-Regisseurin, längst jenseits der Verzweiflung.

Das große Finale steigt im Morgengrauen vor der Kirche Santuario del Socavón. Die Marketenderinnen rühren in Schafskopf-Suppe, Betrunkene schnarchen mit verdrehten Gliedern, ein müder Priester träufelt Weihwasser über die Menge. Unterhalb des Platzes schmettern etliche Blasorchester gleichzeitig ihre Hymnen, nebeneinander, gegeneinander, übereinander – es ist eine grandiose Kakophonie. Einige Hörer flüchten mit zugedrückten Ohren, die meisten aber halten den Dissonanzen schwankend Stand, diesem brutalen Klanginferno. Denn es mag ja auch ein Trost darin stecken für die Bolivianer: Zumindest akustisch siegt über die Spanier bis heute – ihr Teufel.

Gauchos, Schmuggler

Anarchisten

Im Süden des Kontinents hadern derzeit viele mit dem Schicksal, strenggläubige Mennoniten etwa, aber auch die Gauchos in Uruguay, die vergessenen Bewohner von Paraguay und die Opfer der verheerenden Wirtschaftskrise in Argentinien

Restaurants wie in Santa Rosa del Aguaray sind oft die einzigen Attraktionen in den Dörfern Paraguays. Und zugleich Sinnbilder für den schli

AGENCIA
LA
SAMPEDRANA

Glück der Ordnung: Wie sich Mennoniten in Rio Verde, Paraguay, zu betragen haben, ist streng geregelt. Und erlaubt nur selten Momente der Heiterkeit

Die Avenida 9 de Julio

Vorzeigemeile des wohlhabenden Buenos Aires, in jüngster Zeit aber war sie auch Schauplatz erbitterter Demonstrationen gegen die Wirtschaftskrise

Nördlich von Buenos Aires liegt fruchtbares Wiesen- und Palmenland, hier wird fast die Hälfte der argentinischen Agrarprodukte erzeugt

Ein Kunstwerk zum Anfassen als Fingerzeig des Wohlstands: Punta del Este an Uruguays Atlantikküste ist der mondänste Badeort des Kontinents

Wenn die Flüsse zur Regenzeit Hochwasser führen, wölben sich mächtige Gischtwolken über den Katarakten im brasilianischen Iguaçu

Nach getaner Arbeit füllen argentinische Gauchos Mate-Tee nach, ein Getränk, dem Pampas-Bewohner nahezu religiöse Verehrung entgegenbringe

Die GEO-Reporter finden Mennoniten,
die längst nicht mehr in der Vergangenheit leben,
Schmuggler ohne Skrupel, ungezählte Ich-AGs in Buenos Aires,
sowie ein Land, das seine »schweizerische«
Solidität schwinden sieht

Wir verlassen Bolivien lange bevor wir es tatsächlich verlassen: Passkontrolle 250 Kilometer vor der Grenze. Die Paraguayer kontrollieren 300 Kilometer dahinter – am Übergang selbst ist nichts und niemand außer einem Schild: *Bienvenidos a Paraguay*. Um den Verlauf der Grenzlinie haben beide Länder in den dreißiger Jahren einen zähen Krieg geführt und 130 000 Mann geopfert.

Die Busfahrt dauert 47 statt der geplanten 23 Stunden. Erst blockiert die Bremse hinten rechts und wird, weil nicht reparabel, ersatzlos ausgebaut. Dann warten wir fünf Stunden auf die Frau des Fahrers, die in einem schäbigen Dorf irgendwelche Geschäfte betreibt. Dann regnet es, nur ein kurzer Schauer. Dennoch: Die Erdpiste ist zu Schmierseife geworden. Der Bus fährt Schritt und schlingert doch auf seinen profillosen Reifen.

Immer wieder sacken wir tief in den Morast, müssen uns freischaufeln. Besonders energisch ins Zeug legen sich vier Mennoniten an Bord, Mitglieder einer ultrastrengen christlichen Gemeinde: blond, blauäugig, hager, in Cowboy-Hut und Overall; sie sprechen Plattdeutsch und halten Distanz zum Rest der Passagiere.

Bei Sonnenuntergang stoppen wir mitten im Busch – eine weitere Nacht auf den engen Sitzen. Die Sterne sind sichtbar bis hinunter zum Horizont, kein künstliches Licht trübt die Dunkelheit. Es herrscht eine Stille, tief wie ein Brunnen. Im Umkreis von Hunderten Kilometern fände sich kaum eine Hand voll Menschen.

Der Gran Chaco. Das leere Viertel Südamerikas. Ein Gebiet doppelt so groß wie Deutschland, hartes, verdurstetes Land, in dem man begreift, dass weite Teile des Kontinents noch Brache sind, unerforscht, nicht unterworfen. Am Wegesrand: Sträucher mit fingerlangen Dornen, Vögel mit transparenten Flügeln, Iguanas, die durch das Unterholz watscheln. Früher haben in der glühenden Öde nur kleine Indianergruppen überlebt. Jetzt wohnen hier fast 14 000 Mennoniten.

Solche wie die im Bus, denken wir. Mit einem Leben wie zu Zeiten der Reformation und mit schwarzen Kutschen. Ohne Strom, ohne Autos, ohne Kontakt zur Welt – religiöse Rebellen gegen die Moderne. Denken wir. Und dass wir in Fernheim, Menno und Neuland, den größten Mennonitenkolonien Paraguays mitten im Chaco, etliche von ihnen treffen werden.

Doch dann: Nichts davon. In Filadelfia, dem Zentrum von Fernheim, keine Kutschen, keine Frauen unter schwarzem Kopftuch. Stattdessen: neue BMW- und Chevrolet-Modelle auf den staubigen Straßen, prächtige Häuser wie in einer US-amerikanischen Vorstadt, Mobiltelefone im Handy-Shop und ein Supermarkt, der Landjäger-Wurst, Stollwerk-Diätschokolade und Gotthilf-Fischer-Kassetten führt. An der Kasse stehen Scanner und Laserdrucker, und am Eingang hängt ein Schild mit spanisch verrutschtem Deutsch: „Danke für nicht rauchen“.

Rauchen? Das war noch vor einer halben Generation verpönt auch ohne Mahnung. An der Avenida Hindenburg finden sich Restaurants, die Bier ausschenken, was ebenfalls bis vor kurzem streng geächtet war – Bier sei gut, damit die Königsberger Klopse besser runtergehen, sagt ein Mennonit mit rot versengtem Gesicht und prostet uns zu. „Wir leben so gut wie ihr in Deutschland“, meint ein anderer, „und das im kümmerlichen Paraguay.“

Das Thermometer zeigt 46 Grad im Schatten, die Klimaanlagen schnurren, und auf den Häusern öffnen sich die Satellitenschüsseln wie Opferschalen. Nach zwei Monaten Südamerika-Durchquerung wirkt Filadelfia auf uns wie ein Schock. Weil es so wohlhabend ist und manikürt, aber auch, weil es auf eine schwer zu bestimmende Art deutsch wirkt. Inmitten der Dornensavanne: ein ernster, ein gravitätischer Ort.

Seit fast 500 Jahren wandern die Mennoniten durch die Welt, immer auf der Flucht vor ihr. Aus der Schweiz und aus Holland, wo der protestantische Prediger Menno Simons die Glaubensrichtung 1525 maßgeblich formte, breitete sich die Sekte über Norddeutschland, Westpreußen, Russland, Kanada, die USA, Mexiko, Belize, Brasilien, Bolivien und Paraguay aus. Als die ersten Familien vor 70 Jahren aus der Sowjetunion in den Chaco kamen, wussten sie nichts über das tote Gebiet, außer „dass hier keine Kommunisten waren“. Nur Paraguay war damals bereit, die Vertriebenen aufzunehmen und ihnen Privilegien wie eigene Schulen, Selbstverwaltung sowie Befreiung vom Wehrdienst zu gewähren: Pionierland Südamerika.

Der Leiter des Stadtmuseums, Gundolf Niebuhr, hütet die Erinnerungen der Flucht: Feldbahnen, Spaten, ein paar Teller und Töpfe, viel mehr konnten die Siedler nicht mitnehmen nach Paraguay. Hunger, Typhus, Missernten – die ersten 30 Jahre von Filadelfia waren nichts als Elend. Die Kolonisten blieben, nicht nur, weil sie Gottes Willen zu erfüllen gedachten, sondern weil sie keine Wahl hatten. Ausharren war nicht ein Sieg über den Chaco, sondern über sich selbst.

*

SEIT MITTE DER 50ER JAHRE geht es bergauf, dank der Kredite von reichen US-Mennoniten und dank Traktoren und Landmaschinen. Erst mit ihnen konnten sie den Busch roden, ihre Macheten waren zu schwach gewesen für das harte Holz. Heute produzieren die Mennoniten mehr als die Hälfte der Milcherzeugnisse Paraguays und dessen beste Baumwolle. Die Kolonien sind eines der seltenen Erfolgsmodelle in Südamerika, und sie werden von den Paraguayern ebenso beneidet wie gefürchtet ob der bestürzenden Effizienz.

Am schwierigsten sei es, meint der mennonitische Schriftsteller Peter Klassen, die Arroganz gegenüber der weniger erfolgreichen und arbeitsamen Umwelt zu zügeln – „wir kämpfen gegen unseren Hochmut“. Und gegen die Angst, dass die Kolonie

Buschland, Sumpfland – auf den rund 2500 Kilometern des letzten Teils der Reise findet sich kaum eine nennenswerte Bodenerhebung; die konturlosen Pampasebenen wirken wie eine Gegenwelt zu den mächtigen Anden

unter ihrem eigenen Wohlstand kollabiert. Oder dass die Jungen abwandern, gar: „verlottern". Schon jetzt, heißt es, seien die „gemeindlichen Glieder" nicht mehr so eng beieinander wie früher, weil sich die Kolonie aufspaltet in viele Interessen. Nur noch ein Drittel der Bewohner arbeitet in der Landwirtschaft; der Zusammenhalt, den früher die gemeinsame Scholle erzwang, schwindet.

Die größte Sorge aber ist das „dunkle Volk", sind die „braunen Brüder": jene Paraguayer, die sich zunehmend hier niederlassen, seitdem die Trans-Chaco-Piste 1989 asphaltiert worden ist. Die „Dunklen" suchen Arbeit in der Musterökonomie – und bleiben, selbst wenn sie keine finden. Am Stadtrand wächst ein Slum. Rund um Filadelfia und im Rest des Chaco leben etwa 4000 Lateinparaguayer und 17 000 Indianer. Die Mennoniten wollten nicht zur Welt, jetzt kommt sie zu ihnen. Mit allen Komplikationen: Wohnungsnot, Arbeitslosigkeit, Kriminalität, Alkoholismus, Eheproblemen.

Mögen solche Übel, im Vergleich zum Rest des Planeten, auch in homöopathischer Geringfügigkeit auftreten, stürzen sie die auf dörfliches Gleichmaß geeichten Protestanten in tiefe Nöte. Schon etablieren sich neben der Kirche Psychotherapeuten in der Kolonie. „Bibel lesen allein reicht nicht mehr", sagt einer von ihnen kühl.

Stets aber verblüfft die mennonitische Offenheit, zumindest ihr Pragmatismus. Nüchternheit als Lebensziel. Für Sentimentalität war, ist kein Raum. An einem Samstagabend heiraten Eleonore Klassen, 21, und Eldon Kennert Kouenhowen, 25, aus der Kolonie Menno. Die Brautleute fahren im Kleinwagen vor, niemand öffnet ihnen die Kirchtür, das können sie ja allein. Musik von Richard Clayderman, knappe Trauung, kurze Predigt per Aufzählung: vier Regeln für die gute Ehe. 1. Göttlicher Segen. 2. Sexuelle Anziehung. 3. Gemeinsamer Glaube. 4. Toleranz. Auszug mit Bryan Adams Hit „All for love".

Das Ganze dauert keine halbe Stunde, es folgt das traditionelle Hochzeitsessen: Wurststullen und Gebäck mit Wasser, Milch oder Kaffee. Am Abend treffen sich Familie und Freunde im neuen Haus der Brautleute. Sie packen einen Berg Geschenke aus. Die Gäste nippen verstohlen an Bierdosen, sie reden nicht viel – wir könnten auch in Dithmarschen sein.

*

WIE VIEL „WELT" ist gottgenehm? So lautet die Kernfrage der Mennoniten – darf ein Schluck Bier sein, elektrischer Strom, höhere Bildung, gar Ehescheidung? Jede Gemeinde gibt eine andere Antwort: In Kanada sind in einigen Gemeinden homosexuelle Paare willkommen, im paraguayischen Nueva Durango dürfen die Traktoren keine Gummireifen haben, weil das den Kontakt zur Welt allzu wohlig gestalten würde. Und in Río Verde? Wir besuchen auch diese traditionelle Gruppe im Osten Paraguays, schon allein, um den Abstand zum aufgeschlossenen Filadelfia zu ermessen. Beide Gruppen haben kaum Kontakt miteinander, trotz des gemeinsamen Glaubens.

„Die Welt hat hier kein Recht", sagt Johann Unger, der „Oberschulze", der Bürgermeister, der kleinen Gemeinde. 540 Familien, 3000 Bewohner, im vergangenen Jahr wurden 120 Seelen hinzugeboren. Fruchtbares Land.

Johann begrüßt uns vor einem schmucklosen Backsteinhof, strenge Blumenrabatten davor. Hier haben er und seine Frau Susanne die Kinder Jakob, Heinrich, Johann, Peter, Anna, Susanna, Arganeta, Maria, Elisabeth und Eva großgezogen – nicht ganz die mennonitische Idealzahl von 13 Kindern, sagt er, beinahe entschuldigend.

Johann ist ein sehniger, nervöser Mann in Overall und Cowboy-Hut, stets in Bewegung. Wer ruht, verschwendet Gottes Zeit. Wir sprechen

»Im Chaco versinkt der Bus immer wieder im Schlamm – streckenweise sind wir zu Fuß schneller als das schwere Fahrzeug.«

Wo im Chaco früher undurchdringliches Dornengestrüpp wuchs, erstrecken sich heute riesige Rinderfarmen

spanisch, das Hochdeutsche fällt ihm schwer. Umgangssprache in Río Verde ist jenes westpreußische Platt aus dem 18. Jahrhundert, das nur Mennoniten bewahrt haben. Die Gemeinde kam vor 32 Jahren aus Mexiko und zählt zu den konservativsten in Paraguay.

Die blonden Menschen haben ein mennonitisches Idealdorf errichtet. Jede Siedlung der Kolonie hat 25 Häuser sowie eine Schule, jede zweite eine Kirche. Dazwischen liegen die Felder, alle arbeiten in der Landwirtschaft. Und die Welt? Strom ist erlaubt, aber nur für Kühlschrank, Melkmaschine und Werkzeuge; nicht für Radio, Fernseher oder Telefon.

Traktoren sind zulässig, Autos nicht, weil „das die Leut' wegbringet" – zu Frauen und Alkohol, „Saufstaff". Weil es sich ein Auto angeschafft hatte, wurde ein Gemeindemitglied „in Bann gesetzt", also verstoßen – die härteste Bestrafung unter den Glaubensbrüdern, die sonst jene trifft, die stehlen, trinken, ehebrechen oder den Gottesdienst meiden.

Johanns Frau und die Töchter verbergen sich hinter den Fenstern, arbeiten scheu im Garten. Wenn wir sie ansprechen, werfen sie den Kopf zur Seite. Sie verlassen die Kolonie praktisch nie. So will es die Bibel, sagen die Mennoniten. Zudem: Was hätten die Frauen draußen zu tun? Die Ge-

Unter modernen Mennoniten in Filadelfia: Für einen Kinderraum in der Kirche ist ebenso gesorgt ...

meinde versorgt sich selbst, auch die Männer gehen nur für den *comercio*, für Geschäftliches, hinaus in die Welt.

Oder sie empfangen „Dunkle“ aus dem Nachbarort, um ihnen Traktor-Ersatzteile zu verkaufen. „Hallo Johann, alles beschissen?“, grüßt einer der Käufer in holprigem Deutsch. „Alles beschissen, Pedro“, antwortet der Oberschulze. Die Paraguayer haben sich mit fröhlicher Ironie auf das düstere Gemüt der Mennoniten eingestellt.

Mädchen gehen fünf, Jungen sechs Jahre zur Schule. „Das reicht“, sagt Johann, „nicht Wissen zählt, sondern Glauben.“ Wer weiß, will nicht mehr auf dem Feld arbeiten, sondern im Büro sitzen. Die ewige Angst vor dem Zerfall der Gemeinde.

Wichtigstes Unterrichtsmaterial in der Schule von Río Verde sind die Bibel und ein Katechismus mit den entscheidenden Glaubensfragen. „Muss ein wahrer Christ willig leiden und dulden? Ja, dazu seid ihr berufen. Wie tröstet der Herr die Seinen? Er sagt: Selig seid ihr, wenn euch die Menschen schmähen und verfolgen.“ Der Katechismus stammt aus dem Jahre 1783 und strebt „Herzenseinfalt und Erbauung“ an. „Kunst und Gelehrsamkeit ist darin nicht anzutreffen“, heißt es im Vorwort, aber die „kurzgefasste Zeitrechnung vom Anfang der Welt bis auf diese Zeit“. Aus ihr geht hervor, dass die Erde exakt 4021 Jahre alt ist. Ob er daran glaube, frage ich Johann. Er weiß mit der Frage nichts anzufangen.

Ihn beschäftigt anderes: Ist noch Krieg in Deutschland? Sterben dort die Menschen vor allem an Mord und Totschlag? Wie viele Felder habt ihr? Kein spanisches und kein deutsches

... wie für den Kleinwagen zur Hochzeit, denn Kutschen sind hier längst Vergangenheit

Wort kann die Kluft zwischen uns überbrücken. Nirgendwo in Südamerika habe ich mich fremder gefühlt als bei diesen schwermütigen Christen.

Sonntag früh strömen sie zur Kirche. Die Frauen sitzen links des Predigerpultes, in schwarzen Kleidern und Kopftüchern, die Männer rechts, in dunklen Anzügen und mit Krawatten. Gesichter wie auf Fotos des 19. Jahrhunderts, nicht eine Spur Moderne hat sich in sie eingegraben. Es riecht nach Pomade und Schuhwichse.

Der Prediger tritt ans Pult und liest einen plattdeutschen Text, den ich nicht verstehe. Aber *wie* er liest: in der denkbar größten Monotonie, ohne Hebungen, ohne jegliche Emotion, unterbrochen nur von quälend langen Pausen. So geht es mehr als eine Stunde lang. Einige Männer schlafen, schnarchen.

Nur zweimal bricht die Eintönigkeit. Mit jäher Gewalt springen die Gläubigen auf, werfen sich herum und fallen auf die Knie, den Kopf tief verborgen in der Armbeuge. Zwei Minuten lang verharren sie regungslos. Auch ich sitze da wie erstarrt, verstört von der plötzlichen Eruption. Dann setzen sie sich wieder auf die lehnenlosen Holzbänke, und die Litanei geht weiter, als wäre nichts geschehen. Auch nach dem Gottesdienst wollen die Mennoniten uns nicht erklären, was dieses sonderbare Ritual zu bedeuten hat.

Zum Abschluss singen die Gläubigen. Auch dies: mit allergrößter Monotonie. Sie singen gepresst, nasal. Jedes Wort wird zur Unkenntlichkeit zerdehnt, drei Strophen des Kirchenliedes dauern 20 Minuten – die fremdartigste Musik, die ich je gehört habe, Anti-Musik. So soll es sein. Musik darf nicht gefallen, dann wäre sie weltliches Vergnügen und würde sich nicht einfügen in ihren Gottesdienst, in ihr Leben: Kein Zierrat, keine Milde darf die Wucht dieses Glaubens lindern. Strenger, unnachsichtiger kann ein Gott nicht sein, als jener, der so verehrt wird.

Vor der Tür zerstreuen sich die Mennoniten sogleich, denn die Kirche ist „kein Ort für Geplauder“. Wortlos steigen sie in ihre schwarzen Kutschen und traben davon. Die Räder zeichnen schmale, harte Linien in die weiche Erde Paraguays.

Unter traditionellen Mennoniten in Río Verde: Fahrt zur Kirche ...

*

ALS WIR UNS DEM STADTKERN von Asunción nähern, entlang violett blühender Jacaranda- und Tamarinden-Bäume, vorbei an Hütten und Villen in friedlicher Nachbarschaft, die wenigen Hochhäuser in milchigem Dunst, fällt mir die Bemerkung einer langjährigen Lateinamerika-Korrespondentin ein: „Ach Paraguay, mein bevorzugtes Land – ich liebe es, wie man ein Findelkind liebt oder einen Vogel mit gebrochenem Bein.“ Die Wirklichkeit erfordert in der Tat viel Zuneigung.

„Marodes Asunción. Eine Stimmung wie in Havanna, nur nicht so sinnlich. Dafür gibt es luxuriösere Autos.»

Asunción – das ist wie Kubas marodes Havanna ohne dessen Charme, ein subtropisches Zerfallsprodukt mit schwarz-schimmeligen Fassaden und Schlaglöchern groß wie Badewannen. Das ist auch: eine Hauptstadt, die sich noch eine Siesta gönnt, jeden Nachmittag von zwei bis fünf. Leere Straßen, tote Geschäfte. Das Stadtzentrum ein Niemandsland, eine surreale Kulisse für nichts. Von den fünf Sehenswürdigkeiten Asuncións sind drei bis auf weiteres geschlossen oder mit Holzsparren zugenagelt.

In Rohbauten, die wohl niemals mehr zu Häusern werden, spielen Männer Karten, ich sehe sie morgens, wenn ich das Hotel verlasse, ich sehe sie abends, wenn ich wiederkomme. Kioske verkaufen Hardcore-Pornos, daneben stehen Milchkannen aus Blech. Am Straßenrand stampfen Mädchen in eisernen Mörsern Büschel von Kräutern. Im Kopierladen liegt offen ein Exemplar des neuen Umweltschutzplanes der Regierung,

... und zum Stall, wo die Milchkannen in Handbetrieb gefüllt werden

versehen mit dem Stempel „Vertraulich“ und der handschriftlichen Bitte, es zu kopieren für die Weltbank-Delegation, die am selben Tag anreist. Ein Dorf. Ein Dorf mit Widerhaken.

Das spirituelle Herz der Stadt, der Nation, schlägt im Pantheon an der Plaza de los Héroes. An diesem Morgen legen dort Admiräle aus Bolivien und Paraguay mit viel Pomp Kränze nieder, was einer gewissen Komik nicht entbehrt angesichts der Tatsache, dass beide Länder landumschlossen sind und nur über winzige Marinestreitkräfte verfügen.

Das Heldenpantheon gemahnt an die bedeutendsten Männer des Landes: an Dr. Francia, den ersten Diktator (1814–40), einen unbestechlichen Modernisierer, aber auch einen Geizhals ohne Parallele, der das Land abschottete, jeden Außenhandel unter Strafe stellte, und seine Tochter zur Prostitution zwang, damit sie ihm nicht auf der Tasche lag. An den ungemein korrupten Regierungschef und ersten Präsidenten Carlos Antonio López, der seine minderjährigen Kinder in höchste Staatsämter berief. Und an dessen Sohn und Erben, Francisco Solano López, der das Volk in den Triple-Allianz-Krieg (1864–70) führte, dessen Ende von vormals 1,4 Millionen Paraguayern nur 230 000 erlebten, darunter nicht mehr als 6000 Männer – woraufhin Polygamie gestattet wurde, auf dass sich die Nation demografisch rascher erhole.

Paraguay ist ein schwieriges Land, das sein Selbstbewusstsein aus Niederlagen, seinen Stolz aus Katastrophen zieht. Und dessen größte Errungenschaften, so wird gespöttelt, Käse, Mate-Tee und Absurditäten seien. Etwa 80 Prozent aller Staatsausgaben gehen an die 150 000 Beamten, die berühmt sind für ihre laxe Haltung zum Gesetz. Warum, so geht ein lokaler Witz, gilt Paraguay nicht als korruptester Staat der Erde? Weil Beamte den Titel an Kamerun verscherbelt haben.

Paraguays illegale Handelsaktivitäten – Drogen, Schmuggel, Waffenhandel, Geldwäsche – übersteigen die legalen bei weitem. Der Grund und Boden gehört nach wie vor rund 400 Familien, deren Macht, anders als in fast allen anderen südamerikanischen Ländern, nie durch eine Bodenreform gebrochen worden ist. Nahezu zwei Jahrhunderte lang wurde die Nation überwiegend von Diktatoren regiert, erst 1989 haben sich die Bürger befreit. Damals stürzten sie nach 35-jähriger Herrschaft Alfredo Stroessner, den „Leuchtenden Leuchtturm", wie er sich selber feiern ließ, den vorerst letzten deutschstämmigen Despoten der Geschichte.

Seither üben die Paraguayer eine verworrene Demokratie, in der lange Zeit weder die Regierung noch der Präsident vom Volk gewählt waren, sondern nur abgesegnet vom Obersten Gerichtshof, der wiederum vom vorherigen Staatschef ernannt worden war. Eine der wenigen öffentlichen Spuren der Demokratie ist eine winzige Plakette vom 21. 4. 1995. Sie erinnert an die zeitgleiche Einweihung der Plaza de la Democracia – und der ersten Tiefgarage des Landes.

Davor sitzt Antonio und studiert einen Antrag auf ein Mobiltelefon. Ihm ringe ich einige Sätze ab, es ist nicht leicht hier, Kontakt zu knüpfen. „Das einzige, was Paraguayer gut können, ist Hängematten flechten", sagt Antonio, „unsere Hängematten sind die besten der Welt." Als er hört, dass ich aus Deutschland komme, wird er gesprächiger. Stroessner. Don Alfredo. „Unter ihm ging's uns prächtig." Seither: Wirtschaftschaos, Lohnverfall. „80 Prozent würden ihn heute wiederwählen", meint Antonio, und der Banknachbar nickt rege: Wenn nur der hochbetagte *caudillo* endlich zurückkäme aus seinem brasilianischen Exil.

Caudillo. Ein Schlüsselwort der lateinamerikanischen Geschichte. Hunderte dieser autoritären Führer haben die Länder im Laufe der Zeit beherrscht. Aber es waren nicht einfach Diktatoren, die mit Gewalt und Zwang regierten, sondern es handelte sich viel öfter um geliebte Tyrannen, um bejubelte Unterdücker, denen sich Elite und Volk freiwillig unterworfen hatten; das ist tief verwurzelt in der Tradi-

»Es ist nicht leicht, in dem platten Land eine erhöhte Position zu finden; die Delle am Leihauto hat zum Glück niemand bemerkt.

... und dann immer geradeaus: Ein dünnes Netz meist schnurgerader Straßen durchzieht die sanfte Landschaft Paraguays

tion des Kontinents. Und ganz besonders in Paraguay.

Doch so freimütig offenbart das Land seine Fehler, dass bald das Befremden schwindet und alle Maßstäbe verblassen. Die Welt hat hier kein Recht, dieser Satz könnte für das ganze eingekapselte Land gelten. „Der Paraguayer sitzt an einer Ecke und trinkt Mate-Tee“, so charakterisierte der berühmteste Schriftsteller Paraguays, Augusto Roa Bastos, seine Landsleute. Und da sitzen sie an den Ecken und trinken Mate, weil das gleichbedeutend ist mit „Zeit haben“, dem größten Reichtum des Landes.

Wir sitzen daneben und schweigen über die Sprachbarriere hinweg; die meisten Paraguayer sprechen Guaraní, eine Indianersprache. Trinken und schweigen. Erst recht außerhalb Asuncións. Mag die Hauptstadt geruhsam sein, der Rest des Landes liegt im Tiefschlaf. Träges, grünes Hügelreich, winzige Häuschen in Pastellfarben und mit pendelnden Hängematten, Ochsenkarren davor und natürlich Menschen mit Mate-Bechern.

Idyll der Armut und der Zeitvergessenheit. Abends legt die goldtrunkene Sonne einen Zauberschein auf die Gärten. Und die Blätter flirren, als atmeten sie Licht.

Irgendwann erreichen wir die Grenze. Wo Paraguay erwacht.

*

Auf der Brücke der Freundschaft herrscht Panik: scharfe Kontrollen an der brasilianischen Grenze. Die Menge flutet zurück, rafft die Bündel, die so genannten *mulas*, die Lastenschlepper, werfen ihre Pakete über das Geländer auf die Uferböschung, wo bald Schmuggler und Polizisten um die Wette hasten, die Beute als Erste abzugreifen. Ein kollektiver Fluch steigt in den schwülen, klebrigen Himmel: ausgerechnet heute, ausgerechnet am Mittwoch, dem besten Tag der Woche.

Am Mittwoch, wenn es in Ciudad del Este noch einmal ein bisschen so ist wie früher, als täglich 5000 Busse anrollten, und sich die Hemdtaschen der Händler beulten mit *dólares*. Mittwoch. Wenn die Leute einander mit prallen Tüten niederrempeln, und die Mobiltelefone schnarren im Takt der Gier. Ausgerechnet heute die scharfen Kontrollen: *Mierda* – so ein Mist.

Abram lehnt im Türrahmen seines Ladens, hinter ihm stapeln sich Kisten voller Zigaretten. Ein Tollhaus: Leute reißen die Kisten auf, packen den Inhalt um in Tüten und Säcke, feilschen, schimpfen, schwitzen. Abram hat keinen Nachnamen, in dieser Stadt nennt fast niemand seinen Familiennamen. Abram hat auch keine Auftraggeber. Von wem er die Zigaretten bekommt? Von Freunden. An wen er sie verkauft? An *grupos*, irgendwelche Clans. Wie das Geschäft funktioniert? „Seid ihr Reporter oder was?“ Es ist eine Stadt, in der bereits die dritte Frage Ver-

Schmuggler-Stau: Über die Brücke der Freundschaft
fließt ein Großteil der illegalen Güter von Ciudad del Este nach Brasilien –
weitgehend unbehelligt von den Zöllnern

Waren-Verkehr: Der Handel in Ciudad del Este ist ebenso chaotisch wie rechtsfrei

dacht erregt. Abram erklärt dann aber doch, wie das Grenz-Geschäft funktioniert.

Ein simples Geschäft. Eine Stange brasilianischer Zigaretten ist in Brasilien teuer, acht Dollar, weil hoch besteuert. In Paraguay kostet eine Stange derselben Zigaretten dagegen nur 3,50 Dollar. Also werden Millionen von Zigaretten nach Paraguay exportiert, von dort sofort wieder nach Brasilien re-exportiert, wo sie dann für sieben Dollar in den Geschäften landen.

Das Verfahren ist nicht legal, und deshalb empfiehlt es sich für Händler, die Dienstpläne der Grenzbeamten zu kennen, ihre jeweiligen Preise und: ihre Vorlieben. „Ihr wisst schon“, sagt Abram mit obszönem Unterton. Er formt mit Daumen und Zeigefinger einen Kreis und stochert mit dem Mittelfinger der anderen Hand hinein.

Wie mit Zigaretten geht es mit vielen anderen Waren. Mit Faxgeräten, Stereoanlagen, Uhren, Plastikplanschbecken, Jagdmessern, Parfüms und Mobiltelefonen. Brasilien besitzt eine florierende Industrie, deren Export es fördert, Paraguay besitzt nichts. Daraus hat das Land ein glänzendes Geschäft gemacht. Das Wirtschaftsmagazin „Forbes“ errechnete Ende der neunziger Jahre, dass der bar bezahlte Schmuggel in Ciudad del Este weltweit an dritter Stelle liegt, dicht hinter Hongkong und Miami. Rund 13 Milliarden Dollar setzten die 250 000 Einwohner der Grenzstadt früher pro Jahr um, das übertraf die gesamte restliche Wirtschaftsleistung Paraguays bei weitem.

Wie sie von diesen goldenen Zeiten schwärmen. Damals war Paraguay einer der größten Importeure schottischen Whiskys in der Welt; die Menge hätte statistisch jeden Bürger zum hoffnungslosen Alkoholiker gemacht – wie gut, dass er vor allem in Brasilien getrunken wurde. Elton Johns Abschiedslied für Lady Diana, „Like a candle in the wind", wurde hier eher verkauft als in England, natürlich als Raubkopie. So ähnlich lief es auch mit „Titanic"-Video und Windows 2000 – immer hatte Ciudad del Este einen Vorsprung vor dem Weltmarkt.

Nun herrscht Katzenjammer. Der Umsatz ist um die Hälfte eingebrochen, was zwar immer noch ein paar Milliarden Dollar zirkulieren lässt, aber trotzdem: Brasilien hat die Einfuhr zollfreier Waren begrenzt, und Mercosur, der gemeinsame Wirtschaftsraum von Argentinien, Brasilien, Paraguay und Uruguay, nivelliert die einträglichen Zoll- und Steuerdifferenzen. Mierda.

Als Reaktion scheinen sich staatliche und kriminelle Energie umso enger zu verbünden, wächst die Tatkraft jenseits aller Skrupel. Drei Etagen reichen die monströsen Kaufhäuser in die Tiefe, dort stapeln sich CD-Rohlinge neben den pausenlos raubkopierenden Computern. Man kann Gucci- oder CK-Embleme von 50-Meter-Rollen kaufen, oder auch kleine Sony-Schildchen, um sie auf No-Name-Videorekorder zu kleben. Zudem werden in den Büros gefälschte Pässe, Blüten, Drogen, Waffen umgeschlagen.

Ein argentinischer Minister nannte die Stadt nicht ohne gequälte Bewunderung ein „Heiligtum der Korruption, ein Bollwerk der Rechtlosigkeit, das auf der ganzen Welt einmalig ist". Und ein hoher paraguayischer Politiker pries die rechtsfreie Macht des Faktischen mit denkwürdigen Worten: „Wenn die Königin von England hierher käme, würde auch sie schmuggeln."

Auch südlich des Amazonas findet sich eine vielfältige Fauna, etwa ein Kappenblaurabe

„Höchstens fünf Prozent der gesamten Wirtschaft sind legal", schätzt ein lokaler Journalist, der ebenfalls seinen Namen nicht nennen will. Staatliche Aufsicht? Er lacht. Beschlagnahmte Ware wird von der Polizei umgehend wieder an die Kartelle verkauft. Grenzkontrollen? „Ein Polizist bekommt 200 Dollar, um einen Monat lang hinzuschauen. Und 500, um fünf Minuten wegzusehen." Oder er bedient sich noch unverblümter. Ich beobachte, wie ein Gendarm ein Geschäft für illegal kopierte CDs betritt. Er greift sich ein paar Scheiben und verlässt wortlos den Shop. Natürlich ohne zu zahlen.

Auf der brasilianischen Seite der Brücke liegen das brave Foz do Iguaçu und dahinter die berühmtesten Wasserfälle der Welt, die spektakulären *cataratas*. Mehr als eine Million Touristen besuchen sie alljährlich, doch nur wenige wagen sich über die Grenze nach Paraguay, aus Angst vor Überfällen und Betrügereien. Auch deswegen bricht der Umsatz in Ciudad del Este weg: Die Schmuggler-

»Die Wasserfälle von Iguaçu sind zu Recht weltberühmt, nirgendwo sonst inszeniert sich Wasser-Gewalt derart eindringlich.«

Das fruchtbare Marschland der argentinischen Provinz Corrientes wurde mit aufwendigen Straßenbauprojekten erschlossen

enklave wird zunehmend von ihrer eigenen Anarchie vertilgt.

Längst lebt die Stadt in ewigem Ausnahmezustand, in ständiger Angst vor sich selbst. Nach Anbruch der Dunkelheit wird sie zur Geisterkulisse. Vor den Geschäften Wachmänner mit doppelläufigen Flinten und schusssicheren Westen, ein paar Nutten an der Avenida San Blas, sonst zeigt sich niemand auf den Straßen. Nur bei Helligkeit florieren die dunklen Geschäfte. Aber auch dann können sie lebensgefährlich sein.

Als wir am letzten Tag in der Stadt zu unserem Hotel zurückkehren, liegt auf der Straße eine Leiche. Kopfschuss. Wie eine flammende Aura rinnt das Blut um den Körper. Wenige Minuten zuvor ist der Mann ermordet worden. Streit um Geld, wird uns berichtet. Der Mörder habe eine Pistole gezogen und aus nächster Nähe abgedrückt; dann habe er die Waffe eingesteckt, sich umgeschaut und sei in aller Ruhe davongeschlendert. Aber die Zeugen zucken nur ängstlich mit den Schultern: Nein, nein, beschreiben könnten sie den Mörder nicht.

*

Die Grenze zu Argentinien. Eine achtspurige Straße, hell erleuchtete Zollhäuschen, ein gigantischer, kantiger Rasthof. Es wird sofort deutlich: Das ist keine Grenze zwischen verwandten Staaten. Argentinien, der große, von allen Nachbarn ungeliebte Koloss am südlichen Ende des Kontinents signalisiert, dass er anders ist und sein will – eher Europa als Lateinamerika.

In San Ignacio Miní erprobten Jesuiten einst mit Indianern ein gemeinschaftliches Leben

Dieser Eindruck verstärkt sich, je weiter wir ins Land hineinfahren. Der Express-Bus schnurrt durch flaches, aufgeräumtes Gras- und Ackerland, den Straßen fehlen – erstmals seit unserer Abreise in Ecuador – die Schlaglöcher. Wir halten an Raststätten mit Swimming-Pools, der Fahrplan wird auf die Minute genau eingehalten, wir überholen Lkws, an denen Aufkleber verraten, dass ihre Position per Satellit verfolgt wird: satellite tracking. Um die Städte schmiegen sich Wohlstandspuffer, Industrieparks, Bowling-Hallen und riesige Supermärkte, ausgeleuchtet wie Kathedralen.

Dabei steckt Argentinien bereits tief in der Wirtschaftskrise, in den Provinzstädten brennen geplünderte Banken; aber die Welt erfährt davon erst, als die Proteste Buenos Aires erreichen. Hier im Norden versteckt sich der Verfall noch hinter einem Firnis von Reichtum ohne sichtbare Risse. Denn hier ist Mesopotamia, das fruchtbare Zweistromland, gesegnetes Land.

Fetter, schwarzer Boden, kräftige Weiden, auf denen viereinhalb Millionen Rinder in Rekordzeit zur Schlachtreife heranwachsen. Das Gebiet zwischen den Strömen Uruguay und Paraná ist die Speisekammer der Nation, der üppige Vorgarten von Buenos Aires. Die Hälfte aller argentinischen Orangen werden hier geerntet, der größte Teil der Baumwolle, mehrere hunderttausend Tonnen Reis für den Export – Superlative nicht nur für Argentinien, sondern für den gesamten Kontinent.

Zugleich lauert hinter dem Erfolg Argentiniens ganze Schmach. Lebensmittel für 800 Millionen Menschen könnte das Land potenziell erzeugen, hat die Welternährungsorganisation FAO ausgerechnet, doch von den 36 Millionen Argentiniern lebt inzwischen mehr als die Hälfte unter der Armutsgrenze, 8,5 Millionen davon sogar in Hunger. Schon veröffentlichen Zeitungen die ersten Berichte über verhungernde Kinder, auf Krankenstationen liegen sie mit dürren Beinen und Armen und aufgeschwemmten Bäuchen, Bilder, wie man sie sonst nur aus Afrika kennt.

Der Absturz kam jäh, bis in die späten neunziger Jahre galt Argentinien als neoliberales Vorzeigeland mit beeindruckendem Wirtschaftsaufschwung. Die lokale Währung, der Peso, war fest an den Dollar gekoppelt, was die Hyperinflation von 5000 Prozent auf nahezu Null herunterschraubte, zugleich stieg das Wirtschaftswachstum kräftig an.

Doch seit 1998 stockte die Dynamik, im Januar 2001 musste das Land den Bankrott erklären, der Peso wurde vom Dollar entkoppelt, in ihrer Not fror die Regierung die Privatkonten ihrer Bürger ein und wertete das Ersparte um 60 Prozent ab. Über Nacht verlor die Mittelklasse ihr Vermögen, verlor also das Land seine Mittelklasse. Die Oberschicht hatte ihre Reserven längst außer Landes geschafft, 150 Milliarden Dollar sollen dort liegen, das entspricht der Auslandsverschuldung des Landes.

Warum Argentinien derart rasch und für viele unvorhersehbar ruiniert worden ist, darüber streiten die Ökonomen. Es gibt inzwischen so viele Erklärungen, dass in den Denkfabriken ähnliche Ratlosigkeit herrscht wie auf der Straße. Jeder findet einen anderen Schurken: Weltbank, Internationaler Währungsfonds, Präsident Menem, die ungebremste Korruption, missratene Privatisierungen, politische Kämpfe, die viel zu starre Kopplung des Peso an den Dollar, die Aktienmärkte, Washington.

Einig sind sich die Experten nur in einem: Auch in Argentinien wirkt inzwischen die widersinnige südamerikanische Alchemie, die natürlichen Reichtum in soziales Elend verwandelt. Doch wo ist die Krise, wie zeigt sie sich?

Im Fernsehen am Abend. Heute treten Leonor del Vale Almada und

La Boca hat sich vom armen Einwanderer-viertel zur farbenfrohen Künstler- und Tangokolonie von Buenos Aires gewandelt

Stella Maris Brizuela gegeneinander an. Auf Podesten hinter ihnen sitzen ihre Angehörigen, die beiden Frauen kneten nervös ihre Finger. Ein Video zeigt sie zu Hause. Die schmächtige, 50-jährige Leonor Almada hat vier Kinder und drei Enkel zu ernähren, Großaufnahmen von müden Gesichtern, von Leonors abgearbeiteten Händen, die dünne Brote schmieren, dazu erklingt milde Gitarrenmusik. Stella Brizuela liebt den Tango, man sieht sie in einer kleinen Bar am Stadtrand von Buenos Aires: „Der Tango lenkt mich ab. Er befreit mich von den Alltagssorgen."

Dann müssen die Kandidatinnen Fragen beantworten, etwa solche: „Um ein hohes Regal zu reinigen, was nehmen Sie zu Hilfe? Einen Stuhl, eine Leiter oder irgendetwas anderes?" Die Anspannung der Kandidatinnen steigt, man sieht es ihnen an, vermutlich, weil es eben nicht um Millionengewinne geht, die eh keine Lotterie in Argentinien mehr auszahlt, weil es nicht um Luxus geht, sondern um etwas ganz Elementares: um einen Arbeitsplatz.

Ein Lied in schweren Zeiten: Straßensänger in San Telmo

Am Ende der Sendung stimmt das Publikum ab, welche der beiden Kandidatinnen einen halbjährigen Arbeitsvertrag als Putzfrau erhält, Monatslohn 86 Euro. Aus dem ganzen Land rufen die Zuschauer an, um ihr Votum abzugeben, um einmal Arbeitgeber zu spielen, Schicksal. Es vergehen quälend lange Minuten, dann steht fest: Die Gewinnerin heißt Leonor Almada. Tränen bei beiden Frauen. Sie fließen noch reichlicher, als der Besitzer der Reinigungsfirma auch der Unterlegenen einen Vertrag in die Hand drückt. Stürmischer Applaus. Abspann. Werbung.

„Recursos Humanos" nennt sich die Sendung – Arbeitskräfte – und sie ist einer der Quotenknüller auf Canal 13. Kulturkritiker im Lande halten sie für ein zynisches Spiel mit der Not der Menschen. Die Menschen in Not halten sie für eine Chance, täglich bewerben sich bis zu 400 Kandidaten. Die Sendung wolle „das Licht der Hoffnung durch die Würde eines Arbeitplatzes entzünden", sagt der weißhaarige Moderator, der aussieht wie ein wohlhabender Steuerberater. Das Logo von „Recursos Humanos" zeigt ein mageres Strichmännchen, das siegesgewiss die Arme in die Höhe reckt.

In Buenos Aires ist die Krise dagegen zunächst kaum zu greifen. Das

»In San Telmo tanzen die Tango-aficionados. Und man spürt: Das ist mehr als nur eine Touristenshow.«

Stadtmonster saugt uns über 18spurige Autobahnen an, die auf Betonstelzen über die urbane Monokultur kriechen. Die 12-Millionen-Metropole verschlingt die Pampa in immergleichen *cuadras*, Karrees, die alle von identischer Größe sind und exakt 100 Hausnummern umfassen, ganz gleich, wie viele Gebäude tatsächlich in der Cuadra stehen: graue flache Blöcke mit getönten Alurahmenfenstern, Fabriken, Werkstätten mit Ölflecken davor, Minimalarchitektur.

Im Zentrum aber: filigrane Art Deco-Paläste, Einkaufszentren unter hohen Glaskuppeln und Fresco-Malerei, Restaurants mit Damast-Servietten. Vor 70 Jahren war Argentinien eines der wohlhabendsten Länder der Welt und konnte sich eine exaltierte Hauptstadt leisten sowie die Überzeugung, das Land wäre so reich, dass nicht einmal die korruptesten Politiker es zugrunde richten könnten.

Man könnte das beinahe glauben in der Calle Florida, der nobelsten Einkaufsstraße der Stadt. Juweliere, Kaufhäuser, Designergeschäfte. Doch vor den Schaufenstern stehen alle zehn Meter Kleinstunternehmer: Eine Sopranistin im langen Seidenkleid singt Verdi-Arien, Porträtmaler war-

Ob der Tango in Uruguay oder Argentinien geboren wurde, darüber herrscht bis heute Streit; umso mehr wird die eigene Tanz-Geschichte beschworen, etwa durch ein Reliefbild in La Boca

ten auf Kunden, Tuschezeichner, Silberschmiede, Bettler, ein Pärchen müht sich mit einem wackligen Tango, allzu lange praktizieren sie ihn offenbar noch nicht.

Sebastian Perel verkauft die Gemälde seines Vaters, bunte, abstrakte Stadtansichten, die bis vor kurzem noch in Galerien hingen. Jetzt lehnen sie an der Fassade einer Bank, die längst geschlossen hat. Jeden Montag, Mittwoch und Freitag muss der Student die Bilder wegräumen, denn an diesen Tagen protestieren ehemalige Kunden des Geldhauses dagegen, dass man ihr Erspartes geraubt hat.

Die Fassade ist von kleinen Kratern übersäht. Sie stammen von einem Kunden, der immer wieder mit einem Hammer auf die Wand drischt. Aber Perel kann sich nicht beklagen: „Es sind Leute mit Kunstverständnis. Sie helfen mir, die Gemälde einzusammeln und hinterher wieder aufzustellen."

Auch in der schlimmsten Krise seiner Geschichte wahrt Argentinien die Zivilität. Es gab Tote bei Unruhen, aber für ein Land, das derzeit wie in einem gekappten Fahrstuhl aus der Ersten in die Dritte Welt abstürzt, ist der Unmut erstaunlich moderat. Vielleicht, weil es nahezu alle gleichermaßen trifft, also nur wenig Platz für Neid bleibt. Vielleicht, weil die Menschen zu sehr mit dem Überleben beschäftigt sind.

Denn Argentinien kennt weder Arbeitslosen- noch Sozialversicherung,

Die Galerías Pacifico sind die prächtigsten Einkaufshallen von Buenos Aires und gut besucht

die Bürger müssen sich selbst aus dem Sumpf ziehen. In den Mangel an staatlicher Fürsorge ist der Zwang zur Selbstständigkeit eingebaut. Die Stunde der aus der Not geborenen Ich-AGs.

Nicht weit vom Stadtzentrum entstehen Gemüsegärten in Baulücken und auf Randstreifen, dort wachsen Tomaten, Kartoffeln, Karotten; angeblich überleben bereits Millionen von Menschen vor allem dank dieser illegalen Anbauflächen. Teilweise wandert das Gemüse direkt in die privaten Volksküchen, die in allen Stadtteilen öffnen.

Alle Privatguthaben wurden in Argentinien eingefroren; seither protestieren – oder betteln – die Sparer vor den Geldinstiuten

Jeden Abend ziehen die *cartoneros*, Kartonsammler, und die *cirujas*, „Chirurgen", durch die Straßen und schlitzen Müllsäcke auf bei der Suche nach Essbarem und nach Pappe, Papier und Plastik. Die „Armee des Hungers", wie die Lumpensammler genannt werden, ist im Laufe eines Jahres allein in Buenos Aires um 10 000 angewachsen, und die städtische Eisenbahngesellschaft stellt ihr allabendlich um 23.30 Uhr einen Sonderzug zur Verfügung – aus Solidarität, aber auch, damit die stinkende Fracht andere Passagiere nicht belästigt.

Auch in La Bernalesa übt das Volk das Überleben jenseits von Geld und Kapitalismus. Der letzte Ort, an dem man noch mit Dollar oder Peso bezahlen kann, sind zwei Tankstellen, dahinter öffnet sich auf dem Gelände einer ehemaligen Fabrik im Vorort Quilmes jeden Samstag ein gigantischer Markt. Hier findet sich alles, nur kein Geld. Argentinien ist zur Tauschwirtschaft zurückgekehrt.

Gebrauchte Schuhe gegen Babykleidung, ein Fernsehgerät gegen Bremsscheiben, ein Sack Kartoffeln gegen drei alte Münzen. Eine Frau erzählt, sie bezahle ihren Psychotherapeuten allwöchentlich mit einem Gemüseauflauf. Mehr als 8000 solcher *clubes de trueque*, Tauschclubs, gibt es schätzungsweise im Lande, rund eine Million Menschen besuchen sie jeden Tag. Doch nicht nur wegen der Waren kommen die Argentinier. „Das ist ein System, das die Menschen wiederbelebt, ihnen ihre Würde zurückgibt und sie von der Straße holt", sagt der Sprecher eines dieser Clubs.

Nicht alle folgen dem Pfad der Würde, dem legalen Weg. So genannte Expressentführungen haben sprunghaft zugenommen, eine Gruppe von Schulkindern wurde wenige Stunden lang gekidnappt und für kaum 700 Euro wieder freigelassen, ein Mann kam für ganze 147 Euro frei. Zuweilen lassen sich die Entführer auch nur zum nächsten Geldautomaten fahren und eine kleine Summe auszahlen.

Leider entsprechen solche Formen „kreativer" Geldbeschaffung allzu sehr jenen, die Politiker betreiben – weshalb niemand auf Besserung hofft. Die meisten Provinzgouverneure sind dazu übergegangen, ihr eigenes Geld zu drucken, insgesamt 15 solcher Notwährungen kursieren und machen bereits fast 40 Prozent des Geldumlaufes aus. Nur so lassen sich die Beamten noch bezahlen, von denen die meisten als *noquis* gelten, als Büroschatten, die zwar bezahlt werden, jedoch nie zur Arbeit erscheinen.

So versichern sich die Provinzfürsten der Unterstützung einer hinreichenden Menge von Bürgern – in manchen Provinzen sind 70 Prozent aller Beschäftigten Beamte. Die Politiker kaufen ein Teil des Volkes, auch wenn das bedeutet, dass der andere Teil verarmt.

„Wir waren mal wie Europa", sagt Ruíz Lagardo, „aber das ist lange her. Jetzt sind wir in Lateinamerika angekommen." Der 46-Jährige arbeitet als Kellner in einem der wenigen Luxusrestaurants von Buenos Aires, das noch nicht geschlossen wurde. Ich lerne ihn in einem Stehcafé kennen.

Er lebt in beiden Welten, unten und oben. Seit der Krise wohnen Verwandte in seinem Haus, sie konnten ihre Miete nicht mehr zahlen, erzählt er, den Vorgarten haben sie zum Acker umgewandelt – „wir werden wieder zu Bauern". In der Oberwelt füllt sich das Restaurant nach wie vor jeden Abend, sagt Ruíz, aber die Politiker und Unternehmer fahren nur noch in abgedunkelten Limousinen vor. Sie haben ihre Bärte abrasiert oder sich welche wachsen lassen, denn etliche wurden auf offener Straße attackiert. *Que se vayan todos* lautet die Parole der Protestbewegung, die sich an allen Häuserwänden findet: Alle Politiker sollen abhauen.

Karneval in Montevideo, Uruguay: nicht groß, aber ausdauernd, nämlich 45 Tage lang

Ruíz lacht. „Schöne Idee. Und wenn sie weg sind – was dann?" Er starrt auf das Fernsehgerät, ein Fußballspiel läuft. „Wir müssten uns völlig neu erfinden, einen ganz neuen Staat bauen. Wie soll das gehen?" Die Männer um ihn nicken vage, sie sind ganz auf das Spiel konzentriert.

Ruíz' Verein, River Plate, liegt 1:2 im Rückstand, die letzte Viertelstunde läuft, erbittert stürmen die Spieler in den weiß-roten Trikots an, „wenigstens den Ausgleich", murmelt Ruíz.

Die ganze Beschaulichkeit Uruguays: In einer Kneipe in Belén trinkt Paulino La Rosa Mezou mit Freunden. Wie jeden Tag. Seit Jahrzehnten

Fanacoa
Fanacoa
Magro
PORT

Die Minuten vergehen, vergeblich. Abpfiff. Ruíz zuckt die Schultern. „Das ist vielleicht das Schlimmste an der Krise“, sagt er zum Abschied: „Wir wissen nicht mehr, an wen wir unsere Zuversicht heften sollen.“

*

EINIGE TAGE SPÄTER, in einem anderen Land. Uruguay. Es ist die Stunde der ziellosen Träume, wenn die Vögel verstummen und der hohe Himmel ausgedörrt glüht. In der Hitze des Mittags verbergen sich die Menschen, keine Bewegung, kein Geräusch verrät sie im Schatten ihrer Häuser. Sogar die knisternden Radios schweigen. Als hätte die Zeit dieses Dorf verlassen.

Wenn Belén erwacht am frühen Abend, ist es, als öffnete ein Museum. Durch die Straßen rollen ein Cadillac und ein Chevrolet aus den zwanziger Jahren, ein knallroter Renault Gordini, ein kolossaler Pontiac aus den Fünfzigern. Neue Modelle? Praktisch unbekannt. Antonio besitzt einen Ford 8, Baujahr 1934, acht Zylinder, 22 PS, schwarzer, stumpfer Lack: „Macht noch locker 50 Sachen.“ Er zeigt die Originalpapiere. Die fehlende rückwärtige Stoßstange hat er eigenhändig rekonstruiert anhand von Büchern aus der Zeit des Zweiten Weltkriegs. Er ist nicht etwa Sammler, keiner der Oldtimerfahrer ist das hier; er ist Erbe, sein Großvater war Erstbesitzer. „Ich hatte nie das Verlangen, ein neues Auto zu

Uruguay rühmt sich inzwischen seiner Reputation als
lebendiges Automuseum; so wie in Colonia haben im ganzen Land
seltene Oldtimer den Lauf der Zeit überstanden

kaufen. Das wäre irgendwie zu schnell für Belén."

Automuseum, Menschenmuseum. Auf seinem Barbierstuhl von 1943 sitzt Paulino La Rosa Mezou und wartet auf Kunden. Vergeblich. Heute ist niemand gekommen, gestern auch nicht. *Acá no pasa nada*, sagt er, gar nichts passiert hier. Er wirkt wie ein Groucho Marx der uruguayischen Provinz, mit breitem Schnauzbart und noch breiterem Lachen, gehüllt in eine Wolke aus Brillantine.

Er redet genauso schnell wie der Hollywood-Komiker, doch mangels Neuigkeiten erzählt er immer das Gleiche: wie wenig doch geschehe im Leben, und wie gut das sei, und dass Otto Klug Belén wieder Richtung Deutschland verlassen habe. „Den Otto musst du doch kennen", redet er auf mich ein, „Deutschland, das ist doch dein Volk, oder?"

Paulino spielt Akkordeon. Das neueste Foto, das er besitzt, zeigt ihn vor 25 Jahren mit seiner Ziehharmonika auf der Motorhaube eines Chevrolet. Seither? Spielen, frisieren. „Das nenne ich Frieden." Dieses Jahr feiert Belén den 200. Gründungstag, es ist einer der ältesten Orte Uruguays. „200 Jahre Freude", steht auf einem Banner über der Plaza, und Paulino wird beim Festakt zum Akkordeon greifen. Wie jedes Jahr.

Im Krämerladen erzählt Miguel, der Besitzer, wie er einmal Urlaub in der Hauptstadt Montevideo gemacht hat. Am ersten Tag erhielt er einen Anruf, sein bester Freund sei gestorben; am zweiten Tag erfuhr er, dass die Kühltruhe im Laden defekt war; am dritten gab sein Auto den Geist auf. Das waren deutliche Zeichen. Seither weiß er, wo er hingehört. Die anderen nicken. Montevideo. Weit weg. Mindestens fünf Stunden Fahrt.

Die Sonne sinkt, die Plaza füllt sich. Wie ungemein langsam man gehen kann, denke ich beim Anblick der Passanten. Aus einem *boliche*, einer Dorfkneipe, dringen Tangos wie verletzliche Seufzer. Ein Pferd schreitet herrenlos die Straße entlang. In den Bäumen schnarren die Zikaden.

Wir ahnen es noch nicht, als wir in Belén Halt machen. Erst später verstehen wir: dass der Ort eine Art Verkleinerungsform Uruguays darstellt. „Die Stadt ist irgendwann in den 50er Jahren stehen geblieben", sagt Miguel, der Krämer, „genau wie das Land." Die Rentner vor dem Tresen drehen teerschwarzen Tabak in Zeitungspapier und nicken: „Ja, die Welt hat uns vergessen. Zu Recht. Denn hier passiert ja nichts."

Acá no pasa nada. Das werden wir immer wieder hören in Uruguay. Nichts passiert hier. Aber das trifft nicht mehr ganz zu. Uruguay, das war einmal: ein Land ohne Drama, eine südamerikanische Rarität. Doch seit dem argentinischen Niedergang stimmt das nicht mehr so ganz.

Es ist 4.30 Uhr morgens, und über dem Feuer brät ein halbes Lamm. Rötlich scheinen die Flammen durch den Rippenbogen. Draußen in der Dunkelheit fällt dünner Regen. Die Männer trinken Mate und schweigen. Sie schneiden das dampfende Fleisch von den Knochen und zerkauen es in Seelenruhe. Wie jeden Morgen. Jeden Mittag. Jeden Abend. Stets essen sie Schaffleisch, jeden Tag schlachten sie ein Lamm.

Sie ziehen ihre *bombachas* an, weit geschnittene Hosen, die einst Engländer aus der Türkei nach Südamerika gebracht haben. Sie schnüren die engen Lederstiefel, binden die *faja*, den breiten, weißen Leinenriemen, der die Nieren wärmt und das Rückgrat stützt, streifen einen Ledergürtel darüber, in den sie das *facón* schieben, jenes langscheidige Messer, das zum Schafe schlachten wie zum Essen dient. Sie setzen den *chambergo* auf, den breitkrempigen Hut, legen die lange, halbseitige Lederschürze an sowie ihren schwarzen Poncho, schieben die Sporen über die Fersen – aus Männern werden Gauchos. Sie treten hinaus in den Regen.

Dort warten sie auf den Wink ihres *capataz*, ihres Vormanns. Duarte lässt sich Zeit. Disziplin üben. Der Siebzigjährige ist noch immer verblüffend behände zu Pferde. Er hat ein Adlergesicht, einen schlohweißen Schopf, ein Trümmergebiss. Sein Urgroßvater war ein Deutscher namens

Wohlhabend, aufgeräumt, entspannt:
Montevideo gilt als sicherste Großstadt des Kontinents – und
als eine der schönsten zudem

Hans, erzählt er, ein Gaucho. Berufen zu einem Leben im Freien, in Freiheit. Auch die Männer hier auf der *estancia* lieben dieses Leben, aber als Gauchos bezeichnen sie sich selbst nur noch selten. Sie sind *peones*, Viehtreiber, die völlig ungebundene Existenz der Gauchos ist vorbei. Die heutigen Viehtreiber sind Angestellte. Und Duarte ist streng mit ihnen – „sonst machen sie, was sie wollen".

Sie reiten los in Sechserformation, mit ihren schwarzen Ponchos und den breiten Hüten. Harte Silhouetten im Morgengrauen, die Wirklichkeit des Klischees einer schweigenden Bruderschaft unter weitem Himmel: Chino, der Schwarze; Jorge, der Dünne; Delfino, der Stille; Altivo, der Junge; Cardozo, der Hinkefuß; und Duarte, der Boss.

Ein Tag auf dem *campo*, auf dem Land. 4500 Hektar misst die Estancia Vista Alegre nahe der brasilianischen Grenze, 9000 Tiere grasen darauf, je zur Hälfte Schafe und Rinder. Ställe gibt es nicht, die Tiere bleiben ein Leben lang auf der Weide. Sie wachsen weitgehend chemiefrei auf, ohne Futterzusätze, künstliche Befruchtung oder Hormone. Das beste Fleisch der Welt, sagt Oscar Latourrette, der *estanciero*, der Farmbesitzer. Keine *vacas locas*, keine BSE-Kühe, die Maul- und Klauenseuche unter Kontrolle – und trotzdem, oder gerade deshalb, größte Schwierigkeiten, die Rinder auf den abgeschotteten Märkten der USA und der EU zu verkaufen. Eine Ungerechtigkeit.

Aber das berührt die Peones nicht. Europa? Drei von ihnen können nicht lesen, Freiheit auch vom Weltgeschehen. Aber nicht von Duarte. Der befiehlt ein hartes Programm: Wassergräben ausheben, Zäune reparieren. Die Peones hassen alle Arbeiten, für die sie vom Pferd steigen müssen. Später treiben sie Tiere zusammen, eine wandernde Staubwolke am Horizont, vor der die *ñandúes*, Pampas-Strauße, flüchten mit majestätischem Schritt.

Die Zählung ergibt 845 Rinder auf einer Weide. Die Männer werfen ihre Lassos, hebeln kranke Tiere von den Beinen und behandeln sie mit raschen Griffen. Die neugeborenen Kälber werden kastriert. So, wie sie es immer gemacht haben: Ein Schnitt öffnet den Hautsack, Hoden raus, abtrennen, Tier laufen lassen. Ohne Betäubung, Veterinär oder Desinfektion. „Wenn es die Tiere gefährden würde, meinst du, wir würden es so machen?"

In der Weite der uruguayanischen Pampas sind die betont schlichten Farmhäuser oft der einzige Orientierungspunkt

Die Gauchos verstehen sich noch als Einzelgänger; aber längst sind sie Angestellte mit Kranken- und Rentenversicherung

Mittag. Schaffleisch. Verpflegung steht den Peones zu. Genauso wie Logis in den einfachen, gekalkten Zimmern. Außerdem haben sie Anspruch auf Kranken- und Rentenversicherung. Monatsverträge schließt kaum einer, oft verschwinden die Männer über Nacht, kehren Wochen, Monate später zurück. „Von jetzt auf gleich abhauen können – deshalb bin ich hier", sagt Jorge, der Redseligste, mit weichem Akzent, „im Büro kann ich das nicht." Sein Vater war Lehrer, Jorge kennt das Leben in der Stadt – und hat sich dagegen entschieden.

Und die Kehrseite der Freiheit? Von der erzählt er ebenso freimütig: Keine Familie, alle sind sie *solteros*, ledig, und oft herrscht Streit zwischen den isolierten Männern. Auf Vista Alegre ist Alkohol streng verboten, wer Ärger macht, fliegt raus. Der Gaucho Nimbus wirkt weiter, obwohl die große Epoche dieser „Freibeuter der Steppe“ bereits im 18. Jahrhundert vorüber war, als Zäune das Land zu zerteilen begannen. Als das „Zeitalter des Leders“ endete, jene erfinderische Periode, in der das ganze Leben aus Tierhäuten gefertigt wurde: Kleidung, Häuser, Ställe, Tische, Betten, Kutschen, Boote. Auf einigen Farmen, erzählt Jorge, seien die Männer auf Motorräder umgestiegen. Und rasch in die Pferdesättel zurückgekehrt – „ein Moped bedeutet Abhängigkeit. Von Scheichs und japanischen Ersatzteilen.“

Noch einmal reiten sie hinaus, um kranke Tiere zu suchen. In gemächlichem Trab. Die Männer plaudern, schweigen. Ich hatte mir ihr Leben härter, vielleicht aufregender vorgestellt. Sie lachen. Das sei doch das Besondere: keine Aufregung, kein Stress. Frieden. Und niemals etwas bis zur Erschöpfung treiben, nicht die Tiere, nicht sich selbst – das Gesetz des *campo*. Das Gesetz Uruguays.

Sie kehren zurück im letzten warmen Licht, begleitet vom Ruf der Rebhühner. Die Schatten sind dünn und lang wie Lassoseile, die Luft schmeckt nach Gras und Staub – ein Marlboro-Moment. „Es ist so verdammt leicht, dieses Leben zu lieben“, sagt Duarte, der Boss.

*

Der Geist der Gauchos durchwebt die Nation. „La patria se hizo a caballo“, lesen wir auf einer Bronzeplakette, das Vaterland wurde vom Pferd aus geschaffen. Oscar Latourrette, der Viehzüchter, hatte postuliert: „Es gibt kein Volk zu Pferde, das unterwürfig ist.“ Und in der Tat: Die Uruguayer haben die Unabhängigkeit, den Eigensinn, zu höchster Kunst veredelt. Der Schriftsteller Eduardo Galeano, den wir später treffen werden, nennt sie ein Volk von „drei Millionen konservativen Anarchisten: Es gefällt ihnen nicht, wenn irgendwer ihnen befehlen will, und es fällt ihnen schwer, sich zu verändern“.

In diesem Land vielfach katholischer Einwanderer aus Italien und Spanien bekennen sich 50 Prozent zum Atheismus, Weihnachten heißt religionsfrei *las fiestas*, Ostern *la semana de turismo*, die Ferienwoche. Die Ballung von Psychoanalytikern in Montevideo ist eine der höchsten der Welt, die Geburtenrate Uruguays eine der niedrigsten Südamerikas.

Einst hat Uruguay als einer der ersten Staaten der Erde die Todesstrafe abgeschafft, den Acht-Stunden-Tag vor den USA eingeführt, das Frauenwahlrecht vor Frankreich, das Scheidungsrecht 70 Jahre vor Spanien, und bereits in den dreißiger Jahren profitierten die Bürger von Pensionskassen und Arbeitslosengeld – es war einmal eine Utopie am Río de la Plata, am Silberfluss, im stillen, schweigenden Winkel des Kontinents.

Und noch heute wirkt das Land im Vergleich zum Rest des Kontinents wie Anti-Materie. Wegen seiner Ruhe und seiner Solidität. Das Land Südamerikas mit dem zweithöchsten Bruttosozialprodukt pro Kopf, der niedrigsten Kriminalität, null Prozent Einkommensteuer, einem beneidenswerten Gesundheitssystem. Insgesamt und im Verhältnis: kaum gravierende Konflikte, obgleich die argentinische Wirtschaftskrise auch Montevideo erreicht hat. Auch hier mussten die Konten eingefroren werden, um ein Ausbluten der Banken zu verhindern, auch hier gab es gewalttätige Proteste – dennoch: Alles kommt hier später an, wirkt kleiner, überschaubarer, weniger bedrohlich.

Genauso energisch, wie sie einst vorauseilten, hinken die Uruguayer seit langem hinterher. Der jahrzehntelange Reformstau hat das Land zu einer wundersamen Antiquität geformt, zu einer Nation gleichsam unter Rüschendeckchen. Man kann sich schlendernd verlieren im Kosmos der winzigen Cafés, staubigen Antiquariate, Platanenalleen und grünen *plazas* von Montevideo, diesem musealen Ort, der, so scheint es,

»Showlaufen der Gauchos: Sie zeigen Lassotricks und Pferdedressur; auch die harten Männer brauchen Anerkennung.«

Paraglider wie Sinnbilder der Unbeschwertheit über den Stränden von Punta del Este: die Lässigkeit der oberen Zehntausend des Kontinents

einen ewigen Urlaub mit sich selbst verbringt.

Soll Uruguay im Gestern verharren? In seiner kommoden Anarchie? In den Zeitungen wogen Debatten, die immer wieder um das Gleiche kreisen: die unmoralische Selbstblockade, die allen Änderungswillen untergrabe. Denn hinter der Fassade von Lauterkeit stecke auch hier südamerikanische Großzügigkeit im Umgang mit Recht und Gesetz: Eine Hand wäscht die andere, und alle werden dabei schmutzig.

Das Prinzip erfährt hier – wie auch in Argentinien – eine besondere Ausprägung: die *viveza criolla*, jene Einstellung, die sich bildete, als spanische Kolonialherren meinten, der bereits etablierten, in Südamerika geborenen weißen Oberschicht Vorschriften machen zu können – man wehrte sich mit Tricks und Betrügereien und ist seither stolz, jemanden übers Ohr zu hauen, ohne dass der es merkt.

Kommt also auch in Uruguay, wo sich die Bürger hartnäckig abgrenzen vom Rest des Kontinents, kommt auch hier das sprichwörtliche Südamerika zum Vorschein, wenn man nur lange genug kratzt?

Doch gibt es das überhaupt – „Südamerika"? Was sagt diese Bezeichnung am Ende einer Reise durch den Kontinent?

*

Für Eduardo Galeano bedeutet „Südamerika" die „Einheit der Widersprüche, der Krisen". Galeano ist einer der bekanntesten Intellektuellen des Kontinents. Der Schriftsteller sitzt auf seinem Stammplatz im Café Brasilero, einem der ältesten Montevideos, und nennt die Stichworte: Lateinamerika sei ein Kontinent „trainiert auf Unterwerfung" und ausgestattet nur mit der „Freiheit des Gehorchens". Seit 500 Jahren werde er zugerichtet, heute schlimmer denn je: „Wir sind kolonialisierter als jemals zuvor", sagt er, und zwar von Weltbank, Weltmarkt, Washington.

Es sind die üblichen Verdächtigen, es ist dies die klassische Sicht der Dinge. Die meisten Südamerikaner würden Galeano wohl zustimmen. Kolonialismus, Abhängigkeit und Rassismus – dieses Triumvirat gilt vielen nach wie vor als Quelle allen Übels.

Dagegen begehrt zunehmend eine Fraktion unsentimentaler Modernisierer auf, die „Unterdrückung von außen" und „Abhängigkeit" nicht länger als Erklärung akzeptieren. Der peruanische Ökonom Hernando de Soto etwa predigt die Macht der eigenen Möglichkeiten. Er hat errechnet, dass Perus Regierung rund 28 000 Gesetze pro Jahr erlässt, und dass es fast sieben Jahre und 207 bürokrati-

In Punta del Este heißen die Stadtviertel
Beverly Hills und Golf, und so sehen sie auch aus: mit Villen,
prachtvoll wie in Kalifornien

scher Vorgänge in 52 Institutionen bedarf, um die Erlaubnis für den Bau eines Hauses zu ergattern – nicht eine böse, fremde Macht, sondern eigenes Unvermögen halte den Kontinent im Würgegriff.

Und schon gar nicht könne der Kapitalismus für die Probleme verantwortlich gemacht werden, meint der kubanische Autor Carlos Alberto Montaner, denn der sei bislang noch kaum verwirklicht worden in Südamerika. Stattdessen herrsche eine Cliquen- und Klientelwirtschaft, die sich nicht der Marktkonkurrenz stelle, sondern in den Hinterzimmern Privilegien verhandele. Jene liberale Revolution, die das gewaltige Potenzial des Kontinents wecken könne, sei bislang nur halbherzig gelungen.

Wir neigen dieser Perspektive zu, sie ist uns vertrauter mit ihrer Rede von Effizienz und Rationalität. Und übersehen doch leicht die gewaltigen Änderungen auf dem Erdteil; etwa, dass noch nie zuvor so viele lateinamerikanische Länder so lange demokratisch regiert wurden. Oder den Aufbruch jener, die lange keine Rolle spielen durften: der indianischen Völker Ecuadors oder Boliviens, der Landlosen Brasiliens, der Aufständischen von Chiapas in Mexiko, um den geographischen Bogen weiter zu spannen. Bei allen Enttäuschungen: Eine gewaltige soziale Energie durchpulst die Region, eine Fantasie, eine Improvisationskunst, die ihresgleichen sucht.

Ebenso übersehen wir oft, dass unser eigenes Modell, das wir gerne als Vorbild propagieren, voller Risiken steckt: Was etwa sollen die Menschen des Altiplano, des Amazonaswaldes, mit Industrialisierung, mit Konsumgesellschaft – beides könnte dort verheerend wirken. Eine Reise, die nur das Bereiste betrachtet und nicht den Reisenden und sein Gepäck, wäre vertan. Wer den Kampf Boliviens gesehen hat gegen jene Droge, die vor allem die Menschen der „Ersten Welt“ konsumieren, versteht, dass „wir“ zutiefst verstrickt sind in „ihr“ Leben: EU-Agrarquoten, Patentrechte für Urwald-Pflanzen, Waffenhandel – unsere Lösungen tragen stets neue Probleme huckepack, unterlaufen unsere guten Ratschläge.

Kein Zweifel, etliche Indikatoren der südamerikanischen Lebensqualität zeigen – Ausnahme Chile – zwar seit einem halben Jahrhundert abwärts; dennoch haben sich die Reiseeindrücke nicht zu einem Krisengemälde verdichtet. Und sie haben auch nicht die üblichen Vorurteile bestätigt: Nicht einen exaltierten, karnevalesken Kontinent voll fröhlicher *latinos* haben wir gesehen, sondern einen nachdenklichen, einen melancholischen geradezu. „Wir haben uns immer noch nicht die Eigenart abgewöhnen können, mit offenen Augen zu träumen“, sagt Eduardo Galeano. Vielleicht steckt darin das größte Kompliment. Auch wenn uns manche Träume fremd blieben.

*

JENSEITS VON MONTEVIDEO: Pinienduft, Strände, Sanddünen. Mittelmeer am Silberfluss. An seiner Mündung liegt Punta del Este, das St. Tropez des Südens. Es ist der mondänste Badeort Lateinamerikas, seine Stadtteile heißen Beverly Hills, Golf, Tesoro (Schatz), und sehen auch so aus.

Prachtvolle Villen auf handgetrimmten Rasen, „die besten Körper des Sommers“, wie Zeitschriften schwärmen, und junge Reiche aus ganz Lateinamerika. Nur einen Monat im Jahr feiern sie hier, im Januar, aber dann mit jener Opulenz, die den Wohlhabenden auch in der Krise nicht als Skandal erscheint. Der Südpol des Jet-Set – der Endpunkt unserer Reise. Weil ein größerer Kontrast nicht vorstellbar wäre. Von den Muschelsucherinnen in Ecuadors Mangroven bis nach Punta del Este: eine Weltreise auf einem Kontinent.

Am Rande der Urlaubsstadt hat sich Uruguays berühmtester zeitgenössischer Künstler ein perlweißes Son-

»Interview mit Don Carlos: Der Maler meidet die Straße, weil ihn alle ansprechen, umarmen. Verehrung auf südamerikanisch.«

Fantasie in Weiß: die Casapueblo des Künstlers Carlos Páez Vilaró, der berühmteste Bau Uruguays

nenschloss in die schwarze Küste modelliert, Casapueblo, ein Fantasielabyrinth mit Erkern, Bögen, toten Gängen. Es war Carlos Páez Vilarós Versuch, „auf Gottes Wort zu hören": Gehe hin und baue. Eine Anweisung, deren verborgenen Größenwahn niemanden irritiert: Der sanfte Maler, Dichter, Schriftsteller besitzt längst mythischen Status, wie die Fleisch gewordene Figur aus einem der magischen Romane des Kontinents.

Don Carlitos hat Weinflaschen und weiß gestrichene Brotlaibe in sein Haus gefügt, hat Wände errichtet, um sie von Ferne mit Schüssen aus seiner Flinte zu perforieren, dort, wo er die Fenster einpassen wollte. Er ist fünf

Jahre mit Gunter Sachs um die Welt gesegelt, hat mit Picasso gearbeitet, für Albert Schweitzer das Lepraspital von Lambarene bemalt, hat afrikanische Termitenhügel zu Skulpturen verwandelt, mit Che Guevara gesoffen und mit Brigitte Bardot geflirtet.

Endgültig zur Legende wurde er, nachdem sein Sohn mit einer Rugby-Mannschaft in den Anden abgestürzt war – irgendwann gaben die Suchtrupps auf, nur Páez Vilaró nicht. Er fahndete weiter, bis die Überlebenden, die sich vom Fleisch ihrer toten Kameraden ernährt hatten, entdeckt wurden – „ich habe mich einfach geweigert, an den Tod zu glauben". Ein Träumer der Wirklichkeit.

Jeden Abend hören die Besucher auf der Terrasse der Casapueblo eines seiner Gedichte zum Sonnenuntergang. Es ist ein kitschig berückender Moment, *muy latino*, sehr südamerikanisch. Frauen wie Männer seufzen, wenn die Sonne untergeht zwischen mandarinfarbenem Himmel und amethystblauem Meer: „*Adiós sol*, morgen erwarte ich dich wieder. Und fühle mich, als hütete ich Millionen Sonnen in der Schatzkiste des Horizonts."

Es ist das federleichte Ende unserer Reise. Und es wirkt wie ein Gegenmittel zur Schwere diese Erdteils. Was er, Don Carlitos, empfinden würde beim Gedanken an seinen Heimatkontinent, hatte ich ihn gefragt. „Dolor – y esperanza", hatte er geantwortet. Schmerz. Und Hoffnung.

Stiller Schlusspunkt einer abenteuerlichen Reise: am Atlantikstrand von Uruguay nahe Punta del Este

Fotos von Christopher Pillitz

außer:
Vincenzo Paolillo und Gianfranco D'Amato: Umschlag

Robert Frerck/Woodfin Camp & Associates: Vorsatz vorn

Victor Englebert: 7, 20/21, 28/29, 44 oben, 59, 60, 68/69, 134/135, 148/149

Miquel Gonzalez/laif: 10/11, 12/13, 30/31, 50/51, 99 rechts, 198/199, 224, 226 unten, 228/229

NF/Escudero/Hoa-qui: 14/15

Philippe Bourseiller/Hoa-qui: 24/25

Hubert Stadler/Corbis: 32/33

Christoph Kucklick: 41 unten, 44 unten, 53 unten, 61 unten, 102 links, 110 links, 114, 115, 163 unten, 184 oben, 188, 190, 216 links, 221 rechts, 238

Alamy.com: 72/73

Stephen Ferry/JB Pictures: 74/75

George Steinmetz: 80/81, 84/85, 142/143

Kevin Schafer: 86/87, 108 oben, 131, 154/155, 221 links

Nathan Benn/Corbis: 95 oben

Ron Wagter: 101 oben

Ulrike Welsch: 120/121

Alex Webb/Magnum Photos/Agentur Focus: 122 oben

Michael Ende/Bilderberg: 122 unten

Hans Jürgen Burkard/Bilderberg: 128/129

Collart Herve/Corbis Sygma: 130 oben

Stephanie Maze/Corbis: 130 unten

Rainer Drexel/Bilderberg: 133

Stephen Ferry/Lookat: 140/141

San Bughet/Hoa-qui: 146/147

Peter Johnson/Corbis: 200/201, 222/223

Martin Johansen/Network Aspen: 225

Carlos Goldin/Focus/DDB Stock Photo: 226 oben, 234/235

Peter Ginter/Bilderberg: 227

Andres Salinero/Aurora: 230